EL QUE QUIERA CAMINAR...

EL QUE QUIERA CAMINAR...

César Garcés R.

Para pedidos de copias adicionales de este libro, por favor contactenos en:
Palibrio
1663 Liberty Drive
Suite 200
Bloomington, IN 47403
Llamadas desde España 900.866.949
Llamadas desde los EE.UU. 877.407.5847
Llamadas internacionales +1.812.671.9757
Fax: +1.812.355.1576
ventas@palibrio.com
417204

ÍNDICE

INTRODUCCIÓN

La conducta del ser humano cada vez sorprende más; no sé si se debe a la privilegiada libertad de la cual se apega o simplemente es consecuencia de la modernidad de la misma época.

He asistido a infinidad de reuniones sociales, con amigos, conocidos y desconocidos; siempre con el propósito de escudriñar la sorprendente y desconocida capacidad que tiene el hombre moderno para crear asociaciones alrededor de su existencia. Asociaciones tal vez macabras, a veces tal vez, instintivas, a veces tal vez repugnantes.

Una persona perteneciente a esta corriente de la modernidad, tomara esto como algo normal, como algo que forma parte de la vida cotidiana, y es que el mundo, la gente, su mentalidad, sus sentimientos, sus metas o propósitos de la vida, son encaminados hacia lo que ellos consideran, creen y se aferran; es la vida civilizada.

Sea como sea, vida moderna, pos moderna o antigua, pertenezca a la época que pertenezca, conlleva con si valores no necesariamente culturizados trabajosamente, puesto que, cada período de cada civilización, crea sus propios recursos necesarios, cumpliendo las exigencias de una sociedad que poco a poco va desarrollándose e incrementa valores éticos, morales y espirituales, que permitirán al hombre pertenecer a una sociedad que le llevara evolutivamente por el camino de la existencia, conociendo y aprendiendo las cosas que en su caminar recoge; es decir, la experiencia, el conocimiento y la sabiduría.

Cada periodo trae y lleva su propia estrategia de ensanchamiento futuro. Y en el caso de esta época moderna; técnica y espacial, el ser humano, ha evolucionado tanto que ya ha llegado al límite.

No hay más evolución. No hay más subir, solo queda bajar, descender, involucionar, y eso es precisamente lo que esta sucediendo. Por ello mi enfado con el mundo, conmigo mismo, con toda la gente.

El ente humano ha sobrevivido increíbles épocas de evolución desde la prehistorias y existencia tras existencia, avanza, crece, se desarrolla, y aquí lo vemos después de miles de años de evolución; cargando aun el fardo de su ignorancia, de su tragedia. Sin comprender su estúpida vida.

Avanza, sigue y sigue; pero no sabe a dónde, no sabe lo que busca, no sabe porque pertenece a este triste hormiguero humano.

Dicen que hay personas buenas y personas malas, pero, ¿acaso alguien sabe con precisión lo que es el bien y lo que es el mal? ¿Cómo se puede estar seguro al decir, que tal persona es buena o mala? En verdad es claro y definitivo, que al lado del bien, siempre estará el mal.

Así como existe la luz, existe también la sombra, existe lo negro y existe lo blanco, existe la alegría y la tristeza. Entonces por lógica, existe lo bueno y existe lo malo.

Si creemos que tal o cual persona es buena; porque le hemos visto hacer cosas buenas, indudablemente será para nosotros una persona buena, pero de acuerdo a la lógica de la razón consciente, al lado del bien siempre estará el mal.

Por lo tanto, esa agradable persona que hace el bien, también hace el mal. Aunque posiblemente no lo exprese, no lo manifieste, pero lo llevara muy adentro en su psicología particular, al igual que lleva el bien.

¿Pero a consecuencia del porqué, de esta incursión sobre la personalidad? ¿Por qué, despectivamente acerco el tema a una contradictoria realidad del día a día de mucha gente?

Porque ya hemos llegado al encuentro con una gran realidad que muchas veces queremos ignorar, no saber nada, pasar de largo.

Se trata de ver el estado en que estamos dejando el mundo, nuestro planeta; muchas personas dicen, yo quiero que el mundo sea mejor, y se cruzan de brazos esperando a que otros actúen.

Otros ven en los noticiarios horribles catástrofes, inundaciones, terremotos, incendios; y dicen y critican; "la gente que hace eso no tienen conciencia, quieren destruir el planeta"

Y luego a estos mismos, se les ve arrojando desperdicios y basuras a los ríos, destruyendo la flora y la fauna; mientras otros más audaces, siguen en sus hogares consumiendo productos que conscientemente, saben que dañan la atmosfera terrestre.

Sé que unas simples palabras no van a cambiar el mundo, ni hacer que sea mejor, pero por lo menos quiero formar parte de algo digno y recordar tal vez con nostalgia, cuando esto ya no sea más.

No sé hasta donde la imaginación del hombre creara proyectos, muchos incluso venerables, pero el ente humano, capaz de las más sorprendentes creaciones mentales en beneficio de nuestro afligido planeta, no llega a más. Todas aquellas grandes y benevolentes mejoras para el mundo se quedan allí, en proyectos mentales.

Todo es posible, todo puede ser, solo es cuestión de hacer, de integrarse en la búsqueda de un objetivo, contribuir, colaborar en la mejora de algo que puede ser plausible.

Formar parte del cambio, de un cambio que nos hará sentirnos mejor al saber que ha funcionado; que hay un granito de algo que quise participar.

La mente del hombre ordinario, esta llena de prejuicios, su vida se mueve entre el sexo dinero y diversión, su forma de pensar esta sicológicamente afectada por el libertinaje que le permite la vanidosa sociedad.

Muchas dudas, muchas inquietudes represadas en el interminable derrotero de la historia, nunca dejaron de ser tal vez señales, tal vez una ruta hacia quién sabe dónde, alguna historia que alguien nos quiso contar con imágenes, con grabados erróneamente interpretados.

Majestuosas ruinas ennegrecidas y carcomidas por el tiempo, aun nos hablan de las monstruosas maravillas de su época.

Antiguos templos, colosos vivientes sumergidos en el mudo silencio, rasgan el velo de todas las alegorías y nos dicen cosas que muy pocos comprenden, y señalan cosas que muy pocos ven.

Maravillosas civilizaciones rodeadas de hermetismo, desaparecieron sin dejar huella, sumergiéndose en el misterio.

Enigmáticos personajes, grandes hombres del pasado; amados por unos, odiados por otros y perseguidos por los ignorantes. Se decía que poseían un gran secreto.

Autores de grandes obras, escribieron sus libros con caracteres hieráticos, analógicos y simbólicos, para despistar al curioso y al escéptico, dejando al vulgo sediento de sabiduría.

Muchos de estos grandes hombres, atravez de sus obras e investigaciones, han permitido trazar un camino hacia el encuentro con la sabiduría.

Qué ha sido de aquellos grandes hombres del pasado, donde quedo la filosofía oculta de Cornelio de Agriqpa, la alquimia de Trimegisto y su tabla de esmeraldas, las formulas alquímicas de Raimundo Lulio, la humildad de Apolonio de Tiana, el siempre educado Conde de Saint Germain. Que fue del evangelio que tradujo Guillermo Postel; que esconden los evangelios apócrifos que el catolicismo no quiere revelar.

Muchos interrogantes que se han ido situando en el interés de investigadores, científicos y estudiosos; han hallado con menor o mayor precisión respuestas que aun siguen rodeadas de dudas y contradicciones, al encontrarse con otras respuestas en dirección hacia otros horizontes.

Son preguntas aun sin una satisfactoria respuesta, que se unen a la interminable lista de inquietudes.

Pero, aunque parezca increíble, las respuestas siempre han estado al lado nuestro, en otras palabras, dentro de nosotros, en nuestro subconsciente.

Nuestra imaginación no tiene ni idea del tamaño de nuestra mente. Cuanta información guarda, cuantos recuerdos de quizás muchas existencias, almacenadas en los archivos mentales de nuestro subconsciente.

Antiguamente el primitivo ser humano tenía un vago conocimiento acerca del mundo que lo rodeaba, sin embargo, intuía la presencia de un desconocido mundo espiritual más íntimo, donde a partir de allí, le daba una base anímica a su existencia. Actualmente las cosas funcionan al contrario.

La nueva civilización, se ha cimentado en base a un tecnicismo materialista, reforzando las creencias tradicionalistas de los últimos siglos, reduciendo así, todo aspecto espiritual a un dogma superficial. Pareciera que el ser humano se hubiese divorciado de sus principios espirituales, y en consecuencia la apreciación de su conducta violenta, no solo es percibida, sino también ignorada.

Por lo tanto, este ensayo lejos de querer ser pretensioso al juzgar, también quiere mostrar con palabras sencillas y abordables la temática de una vida moderna, viéndola desde una perspectiva espiritual consiente.

Siendo los historiadores, científicos, sicólogos, sociólogos o investigadores de la vida, que apoyándose en medios científicos y técnicos, han aportado información esencial para el desarrollo de la misma. Sin embargo, existe otra manera de indagar en el pasado y aun más allá del presente, teniendo como funcionalismo el complejo y desconocido mundo etéreo de la naturaleza, donde se mueve libremente el alma humana.

La humanidad desde su infancia, ha permanecido rodeada por densas capas de hermetismo, que convenientemente, han ocultado un conocimiento superior lejos del alcance del ser humano; puesto que, su disposición hubiese sido fatal para la volátil supervivencia de la humanidad. Debido a la incapacidad mental del hombre, para comprender la complejidad de una sabiduría espiritualmente elevada.

Y es que ya lo decía John Locke; *(El empírico) "Sera útil persuadir a la mente humana de que tenga más precaución, al tratar cosas que excedan su comprensión."*

Ocultar el conocimiento al hombre, para protegerlo de sí mismo; no es ningún delito, pero ahora el asunto es diferente, el ser humano ha madurado sicológicamente y ya puede asimilar la anciana sabiduría que poco a poco se ha venido entregando desde principios del siglo XX.

El trabajo de los maestros esotéricos ha concluido, ahora le corresponde al hombre elegir. Su elección puede transformar el ambiente hostil que se ve cada día; haciendo que la sociedad entienda y comprenda, que el único lugar que existe donde es posible vivir, es éste maravilloso planeta llamado tierra.

Lastimosamente esa gran familia llamada humanidad, vive un trágico presente, donde la violencia se encuentra al orden del día. Guerras y rumores de guerras, son noticias muy frecuentes en los telediarios de todo el mundo.

Por lo tanto, el interés de esta obra no es otro, que resaltar las innegables consecuencias de una conducta violenta que se generaliza en todos los aspectos socioculturales de la humanidad, y que muy poco se hace al respecto.

Pero lo que se busca no es hacer justicia, sino frenar y aportar soluciones. Es importante considerar la información que se da en este sencillo ensayo, como una aproximación de la verdad, puesto que alcanzar la verdad plena, requiere una elevadísima conciencia objetiva, de la cual lastimosamente se carece en este momento.

Yo te mostraré, que los sabios han variado sus máximas y composiciones, sólo porque deseaba que fueran comprendidas por los hombres de la sabiduría y la prudencia, mientras que el ignorante debe permanecer ciego a ellas. (El Kybalion)

Capítulo I

EVOLUCIÓN E INVOLUCIÓN

La desesperada búsqueda del origen de la vida, ha mantenido en vilo a la ciencia que cada vez encuentra un nuevo motivo para seguir admirando la compleja estructura sobre la cual se ha moldeado el hombre.

No nos alcanza la imaginación para observar el matemático movimiento de partículas y subpartículas atómicas, que se revolucionan ordenadamente en el interior del vientre de una madre, creando un nuevo ser. Este proceso, se realiza sin más intervención que la misma naturaleza; cada átomo, cada molécula, cumple a la perfección su trabajo y nosotros somos el resultado.

Al igual que la existencia de cada ser vivo, de cada planta, ave o mamífero que vive y palpita en cualquier rincón del universo, tienen un principio de existencia y es el mismo para todos y se llama vida.

Y ésta vida, obedece a un proceso tan maravilloso como misterioso, que no escapa a los rigurosos análisis científicos de la filogenia. ¿Pero,... quién organiza y dirige este trabajo?

Aunque para la teología esta claro, que la vida obedece a la intervención de un principio divino, que hizo al hombre a su imagen y semejanza; la mayoría de las personas prefieren esperar la última palabra, por parte de la ciencia.

El hombre en búsqueda de darle respuesta a este gran interrogante, se ha encaminado en la creación de instituciones científicas, filosóficas, esotéricas, grupos religiosos y hasta políticos. Y que ha logrado hasta el momento. San Agustín, uno de los primeros filósofos cristianos, escribía: "El hombre entre más se conoce, más se confunde" y eso es lo que siempre ha sucedido.

La incompatibilidad de los conceptos teológicos, con los siempre ascendentes conceptos científicos, constituye una realidad filosófica que fortalece las hipótesis filogenéticas que empujan las empobrecidas teorías del creacionismo hacia los límites de la utopía.

Las consideraciones científicas del sacerdote jesuita Teilhard de Chardin, marcaron una nueva perspectiva de la filosofía evolucionista de principios del siglo XX, reseñando, la involucración de una ciencia abstracta donde aparece un orden consciente superior; que el hombre moderno no reconoce debido a la masificación tecnológica. Sus argumentos, lograron deshilar el supuesto organigrama establecido por las más brillantes mentes de este período de la historia, que accedieron a preguntasen... ¿Sera posible que exista Dios?

Encarar las distintas opiniones intelectuales, con relación al origen del hombre, sería una empresa difícil, teniendo en cuenta, que aun existe una acérrima creencia a los argumentos teológicos que en un principio iban a la vanguardia de la creación. Sin embargo, nuevos descubrimientos científicos aun arrinconados por la duda, vuelven a involucrar dentro de un marco cosmogénetico un orden establecido por algún principio inteligente.

Pero sea cual haya sido el verdadero origen de la vida, la mayoría de la gente se rinde ante éste principio inteligente, que no se puede demostrar con tratados de física o teología. Sin embargo, lo más evidente de ese ir y venir de teorías, es la unificación de opiniones en una sola creencia: Que la vida de este planeta; surgió, de la revolución cosmológica de grandes masas de energía, que ordenadamente le fueron dando las características meso-cósmicas que requiere cualquier sistema planetario para más tarde poder ser habitado por organismos vivos.

Durante el siglo de las luces, surgieron diversas teorías acerca del evolucionismo, pero fueron más especificas cuando surgió "La selección natural y el origen de las especies por Charles Darwin," cuyas investigaciones, demostraban que la cambiante anatomía de los seres vivos, corresponde a un proceso natural que se viene presentando desde la aparición de las primeras formas de vida y que a lo largo de millones de años se fueron transformando dando existencia a las diferentes especies que conocemos hoy en día, incluyendo al hombre.

Desde los tiempos más remotos, se han venido tejiendo incontables hechos, que hasta cierto punto marcaron un evidente proceso de transformación dentro del ambiente cultural, social y religioso del ser humano; mostrando así su grado de inteligencia, que poco a poco, fue evolucionando desde las pretéritas épocas de su infancia hasta nuestros días.

El desarrollo más significativo en el proceso evolutivo del hombre, sin duda alguna ha sido el desarrollo de su psiquis. "Reconocerse a sí mismo como ser pensante, sentir la necesidad de rodearse de un ambiente familiar y encaminarse a la búsqueda de mejorar su existencia, son las características que lo ubican como la máxima expresión en la cadena evolutiva de la vida." Pero ahí no termina todo, y es precisamente aquí, donde necesitamos comprender el profundo significado de la palabra evolución.

Aunque existen infinidad de matices donde se encuentra presente esta palabra, me voy a referir con especial énfasis, a aquellas con incidencia directa sobre el comportamiento social del ser humano y la manera en que afecta a la humanidad.

El hombre hasta el momento ha gozado de autonomía propia para decidir y considerar lo que es mejor para él, y hace y actúa de acuerdo a sus decisiones.

La evolución como principio básico en el progreso y avance del desarrollo de la vida, viene a complementarse en consecuencia por su naturaleza abstracta, con su antítesis; la involución, cuya acción retrógrada se caracteriza por su impiedad, que no considera posición social, belleza riqueza o inteligencia.

Es necesario entender, que se le denomina evolución a todo proceso creador, constructivo, al desarrollo y avance de las cosas, es una marcha hacia adelante. En este proceso, evidenciamos claramente cada nuevo nacimiento, cada cambio hacia algo nuevo y mejor, cambiar de un estado inferior a otro superior.

El ser humano ha evolucionado desde su primigenio estado animal, hasta ser lo que es hoy en día; lo mismo sucede con el reino animal, con las plantas; que evolucionan desde su semilla, para luego adornar la tierra con su hierba, frutos, flores y árboles. A todo éste proceso se le denomina evolución. Y es un proceso natural, el cual podemos ver su manifestación, tocarla, sentirla; por lo tanto, es real.

También existe otra evolución de tipo psicológico, cuya manifestación es muy evidente, pero poco reconocida. Y es el desarrollo del ser humano como persona. Su aceptación como miembro de la sociedad, es valorada gracias a su capacidad de razonar, de relacionarse y de integrarse con su entorno, y esto se logra gracias al desarrollo de su psicología interior, que viene también de un proceso evolutivo natural.

De la misma manera, debemos entender, que se le denomina involución a todo proceso destructivo, decadente, asolador, mortal. Y lo podemos evidenciar en el retroceso de las cosas, en la degeneración, en el hombre que envejece hasta morir, en el árbol que se marchita y muere.

Existe involución en todo aquello que ha dejado de avanzar, de evolucionar; en aquellos que se precipitan a la muerte.

Por lo anterior, debemos comprender, que todo aquello que tuvo un principio, en consecuencia tendrá inevitablemente un final. Todo lo que evoluciona, tendrá que involucionar, todo lo que nace, esta predestinado a morir, así, como todo lo que sube, tiene que bajar.

Como se puede observar, todo lo que existe en la creación, se encuentra sujeto no solo a la mecanizidad natural, sino a una variada red de normas establecidas como principios, que gobiernan el normal comportamiento del universo y de la vida que se mueve dentro de él.

La ciencia oficial, define estos principios como leyes, que pueden ser del universo, de la naturaleza o de la física. No importa como se le llamen. Lo que si necesitamos saber, es que el ser humano es gobernado por leyes naturales y una de esas leyes es, "La ley de evolución e involución". Empero, la ciencia prefiere definirla como: "Estados evolutivos de la materia"

El filósofo y sacerdote Mariano Artigas, escribe en su libro; "(la mente del Universo)" *"Muchas leyes de la naturaleza se pueden formular matemáticamente. Pero hay una ley que no se deja atrapar por fórmulas, un "programa" que no se deja copiar: (La causa de la vida.) Quizás el universo pueda explicarse por fórmulas científicas. Pero hay algo que no se puede explicar con ecuaciones matemáticas".*

La física ondulatoria, más conocida como la mecánica cuántica, es una de las principales leyes que explican el comportamiento de la materia que a partir de allí, permite ver a la ciencia nuevos caminos para profundizar aun más, en el insondable misterio de la vida.

Y no esta muy lejano el día en que tenga que rendirse ante nuevos descubrimientos que demuestren la existencia de un orden cósmico, controlado inteligentemente, para asegurar la armonía del universo y de la vida.

No dudaría en la posibilidad de que el confuso lector me tildase de ficticio o fantasioso, al incursionar sobre intocables temas tachados de heréticos. Asunto muy normal, para una humanidad aun arropada por los retazos de verdades a medias que engruesan los textos académicos de colegios y universidades prestigiosas. Sin embargo, ello forma parte de la preparación de la ciencia cósmica para ir acercando al humanoide terrenal, al encuentro con la fuente del conocimiento divino.

Otros de los aspectos fundamentales que nos alejan del tema, es la incapacidad del hombre por auto-cuestionarse a sí mismo sobre los desconocidos misterios que rodean la existencia. No solo de la humanidad, sino también de su propia vida; que inquietan por un momento despertando la curiosidad y el interés por develarlos. Sin embargo, pronto encuentra respuestas satisfactorias en los archivos mentales de su propia preparación académica, anulando el interés de su investigación.

Pues con ese condicionamiento psicológico, el ser humano ha crecido y ha creado una barrera a su alrededor, que no permite el paso de lo que no conoce y no comprende. Así es, el hombre moderno, tiene una preparación académica que le permite crear maquinarias sofisticadas, tecnificar las telecomunicaciones, mejorar la ciencia y conquistar terrenos científicos hasta hace poco impenetrables.

Los avances en la medicina, han perfeccionado las antiguas formulas de Hipócrates, Paracelso, y Galeno entre otros. El hombre moderno, es ahora civilizado, esta nutrido de conocimiento científico; su mente se ha hecho científica y no puede procesar una nueva información que no tenga un origen universitario o tecnológico.

El controvertido tema de la existencia o no existencia de otros seres vivos, fuera de nuestro planeta. Ha despertado la pasión en muchos aficionados a la ufología; encontrando y demostrándole al mundo pruebas irrefutables de su existencia.

En estos tiempos modernos, ya no hay ninguna duda. Las grandes instituciones científicas también lo saben. Lo que la gran mayoría ignora, es la interacción social que existe entre éstos y la humanidad; que vive expectante a sufrir una invasión que solo se haría realidad en la mente fantasiosa de los cinéfilos.

Si pudiéramos acceder a los empolvados archivos de la naturaleza, encontraríamos las frecuentes incursiones que estos seres espaciales han realizado desde la infancia de la humanidad, por motivos cosmogónicos; para que la vida de nuestro planeta, fuera posible. Y si aun su presencia es manifiesta, sus motivos son más nobles que los del mismo ser humano.

Estoy seguro que la mayoría de la gente espera una prueba más fehaciente, que no deje lugar a ninguna duda. Muchos, esperan ver a un hombrecito de color verde con la cabeza más grande que su cuerpo. Pero son imágenes que retiene nuestro subconsciente. Algún productor de cine, inventa personajes de otro mundo y nos inyecta imágenes y situaciones de terror originadas por ataques extraterrestres.

Cada vez que escuchamos la palabra ovni, nuestra mente nos traslada a escenas de cine. De antemano, el ser humano psicológicamente se encuentra programado para reaccionar con miedo y terror, por algo que aun no conoce. Éste referente psíquico, impide que el ser humano se prepare para aceptar algo nuevo; algo distinto a lo que ya conoce.

Muchos libros y personas hablan del tema y exponen argumentos poco creíbles, por que tratan de una verdad que solo es real para ellos, se basan en experiencias subconscientes y subjetivas que en su momento tuvieron algún valor espiritual. Pero luego encontraron una manera de lucrarse económicamente.

Entonces aquella sencilla verdad, se fue desfigurando hasta alcanzar proporciones exageradas, engañando cada vez a los modernos ignorantes. Y es que los temas con sabor a misterio, ocultismo, satanismo, etc. están de moda y llaman mucho la atención; especialmente a los más jóvenes.

El camino de la verdad, es también el camino de la vida y el camino de la vida, es también el camino de la libertad. Se trata de un camino libre, ajeno a la corrupción que anida en el corazón humano y nos permite vencer las barreras que nos impiden ver más allá de donde el ojo humano no puede.

El comportamiento del ser humano, en referencia a la manera como se adapta al medio donde se desarrolla como persona, viene predispuesto desde su subconsciente; quien viene recogiendo desde la niñez, las experiencias que toma como alimento para desarrollar su personalidad individual.

Esta característica, no lo libra de ser un medio manifestante de valores psicológicos, tanto buenos, como malos, que lo implican en desajustes sociales promoviendo manifestaciones de violencia o tal vez en buena medida de orientaciones pasivas; que a largo plazo, serian muy tenues ante sus antecedentes que lo muestran actualmente como un ser por naturaleza agresivo.

Es éste comportamiento, el que más se ha dejado notar a lo largo de la historia de la humanidad, cuyas páginas, se han manchado con la sangré de miles de víctimas que han perecido debido a la ambición y el poder de otros, pero siempre manipulados desde su interior por fuerzas que desconoce.

El odio hacia sus semejantes, es una realidad desconocida que existe dentro de sí mismo y aun no ha sido comprendida.

La inducción del ser humano a cometer frecuentemente errores, no es algo nuevo. Cada vez somos sorprendidos por avalanchas delictivas que degradan enormemente su prestigio de humanidad.

No necesitamos ir muy lejos para darnos cuenta que el ser humano, la humanidad o la sociedad, se encuentra actualmente sumida al borde del caos. Su comportamiento, sus hechos hablan por sí solos, asesinatos, robos, secuestros, violaciones ya es algo muy normal en esta época moderna.

Los derechos humanos son horriblemente pisoteados, grupos subversivos y terroristas destruyen ciudades y masacran vidas. Las guerras están de moda y los gobiernos buscan la paz con tratados. Logran la paz y al poco tiempo, otra vez las guerras.

Miles de personas son desplazadas de sus hogares y otras miles son asesinadas. Las guerras, se han convertido en el entretenimiento de los más poderosos. Mientras la contaminación ambiental, hace de la suyas en un adolorido planeta herido de muerte por la crueldad de la que es capaz de acometer, el indiferente hombre moderno.

La gente ya no se fía de sus mandatarios, constantemente estallan protestas y huelgas con resultados violentos, nadie es conforme con su gobierno, todos quieren soluciones rápidas y dinero, mucho dinero…

Los millonarios, la gente rica y famosa; no saben que hacer con sus riquezas, visten trajes costosos y desfilan en salones de fiestas como pavos vanidosos, derrochando miserablemente su dinero, mientras en el mundo, miles de infelices se mueren de hambre.

Ya muy pocos se apiadan de los demás, la piedad y misericordia se ha vuelto interesada y aristocrática.

Los valores humanos se compran y se venden, ya nadie se respeta a sí mismo, el dinero se ha encargado de darle un valor a cada persona.

La corrupción se sirve en la mesa de fuerzas políticas y militares; religiosas y sociales.

El ansia de poder, los lujos, el placer y el dinero; son los amos de esta moderna sociedad interesada.

La fiebre mercantilista, se pasea como lobo hambriento, vaciando bolsillos y dejando deudas impagables.

Las iglesias y sectas religiosas, han convertido a Dios en un negocio. Sus doctrinas están caducadas, ya no tienen sabor espiritual; se basan en eventos históricos de una realidad que esta petrificada en el pasado y que ahora en el presente de poco sirve.

Muchas religiones se preocupan más por su crecimiento como institución, que por los objetivos originarios por los cuales existen. Sus doctrinas, se originan en empresas eclesiásticas, que ante el disimulo de sus feligreses anatemizan a su competencia.

Hoy en día las gentes como autómatas, entran y salen de las iglesias o salones de predicación, sus vidas están sujetas a un círculo vicioso manipuladas por sus creencias.

Para otros hablar de religión es recordar el dolor, el sufrimiento y la sangre derramada por tantas víctimas que creían en una redención espiritual y en la herencia de un paraíso que según muchos, esta aún por llegar.

La música moderna ha hipnotizado la mente de los jóvenes, haciéndoles cambiar sus principios morales y espirituales por la parranda, drogas y licores, perfecta combinación que más tarde los lleva a abominables orgías sexuales.

La degeneración sexual se ha apoderado de los diferentes medios de publicidad, ya las jovencitas sin terminarse de criar, se entregan a la impúdica lujuria, mostrándole al mundo sus encantos; despertando la sensual lascivia en las mentes morbosas del ser humano.

Los retoños de la maldad humana aun siguen creciendo, y avanzan a pasos agigantados, arrastrando a toda la humanidad hacia un abismo de podredumbre social y moral.

La mayoría de las gentes se encuentran amañadas en el montón, temen salir de él, están muy a gusto encerradas en el baúl de sus creencias y tradiciones y no quieren que nadie los moleste. Y paradójicamente se pasan la vida lamentando su tragedia. Sin embargo, esto es normal, así es el mundo moderno.

Que más hay que decir para comprender, que el camino que ha tomado la humanidad es un camino involutivo y la naturaleza no da marcha atrás. Mientras no exista una clara comprensión de la trágica situación que se vive actualmente, las cosas podrían ir de mal a peor.

El ser humano no alcanza a diferenciar la distancia que hay entre evolución y involución, su mente se encuentra fascinada con los lujos y los placeres que la tecnología le brinda, y esto es grave, porque su forma de pensar se limita a lo que esta de moda, y la moda esta al servicio mercantil de la sociedad, que lo único que le interesa es el poder monetario; sin importarle convertir al ser humano en autómata incapaz de sobrevivir sin un céntimo en el bolsillo.

No quiero dar a entender que gozar de los privilegios que nos ofrece la tecnología sea malo, por el contrario, el hombre tiene derecho a vivir lo mejor cómodo posible y disfrutar de esta etapa moderna de la vida. Pero sin ser víctima o esclavo de ella.

Sin duda alguna existe evolución dentro de la involución y existe involución dentro de la evolución, es decir: por estos días cuando nace un niño, una planta o un animal, nacen como ya dijimos de acuerdo a la ley de evolución, pero sometidos trágicamente a un ambiente marcado por la ley involutiva.

Para no ir muy lejos, reflexionemos: para nadie es un secreto que el nacimiento de un hijo es motivo de alegría para toda la familia, especialmente para sus padres. Pero hay un sentimiento que los embarga, porque no saben cual va hacer el futuro de ese hijo. Son conscientes del estado actual de la sociedad; saben que esta llena de vicios, drogadicción, violencia, enfermedades y muerte. No saben si su hijo será un delincuente o un hombre de bien.

Entonces la misión de los padres es preparar a ese hijo para enfrentarse contra esa ley. ¿Cómo? Dotando al niño con las armas adecuadas para que el mismo se defienda. Lo que quiero decir, es que el futuro de cada niño depende de la educación que reciba en la primera escuela; el hogar, y sus armas no son el precepto ni el concejo sino el ejemplo que copia de sus padres, de sus amigos; de su entorno.

Esta en manos del hombre el futuro de la humanidad, el futuro de la vida. El hombre con sus guerras, con su maldad; esta convirtiendo este planeta en un lugar inseguro.

Ya nos encontramos en el siglo XXI. Muchas profecías parecen haberse represado en el umbral del nuevo milenio, y muchos temen que en cualquier momento la tierra sacuda el miserable polvo humano que tanto daño le hace.

Sin embargo, aun no es tarde; el camino que conduce a la auto realización aun tiene sus puertas abiertas. Dios en su infinita misericordia espera que el hombre tome conciencia de su actual estado psicológico y participe activamente en el proyecto de su propio crecimiento espiritual.

Comprender éstos postulados es importante si en algún momento de nuestras vidas queremos liberarnos del montón, cambiar el rumbo de nuestra existencia, tener la satisfacción de llegar a la vejes y decir; "Esta existencia no la he vivido en vano"

Habremos logrado mucho más. "Conocernos a nosotros mismos o por lo menos haber iniciado el camino hacia la conquista de nuestra propia individualidad interior, que de por sí ya es un logro de gran reconocimiento universal."

Después de todo lo anterior, podemos considerar que el hombre moderno se encuentra en un serio error si aun piensa que la humanidad ha evolucionado a modernas etapas de desarrollo, marcadas por la realización de los exitosos viajes al espacio exterior, mientras en la tierra, los seres humanos se matan unos a otros.

Esto da lugar a reflexionar sobre el extremado avance que ha realizado el humanoide intelectual, pasando de cavernícola a ser un hombre civilizado; que después de haber conquistado las cúspides de la sociedad, quiera ahora lanzarse a la conquista del universo en busca de otros mundos para repetir sus grandes hazañas.

Pero no comprende, que sus brillantes aspiraciones parten de un alto grado de ambición que no vibra acorde con las demás inteligencias que se mueven libremente por toda la galaxia. Motivo y causa por el cual, cualquier intento por conquistar otro planeta, estará destinado al fracaso; porque su forma de pensar y de ver la vida, aun representa un peligro para la armonía del cosmos.

Capítulo II

IGNORANCIA = VIOLENCIA

La preocupación por el futuro de la humanidad, constantemente mueve tanto organizaciones como personas a intervenir en la recuperación de una sociedad confundida por la violencia. Una violencia tan evidente en la actualidad, que a pesar de los grandes esfuerzos de organizaciones no gubernamentales aun sigue multiplicándose.

El adelantado desarrollo en que se ha fraguado la existencia de la reciente civilización; ha dejado secuelas y raíces profundas a lo largo de su historia. Hoy en día estas secuelas se reflejan en el gran conglomerado que conforma la moderna civilización.

Actualmente nosotros vivimos en una sociedad que nos acoge. Donde se desenvuelve nuestra existencia, la existencia de todos y cada uno de nosotros. Se trata de una sociedad moderna que avanza de acuerdo al tiempo y a la tecnología; pero que también se ve sometida a los contrastes psicológicos que genera una sociedad modernamente civilizada.

Pero,..... ¿a qué contrastes me refiero? A los problemas de tensión, miedo y angustia, que han llegado a ser tan evidentes hoy en día que la sociología los ha llegado a considerar asuntos preocupantes; porque constantemente hacen miserable la vida de mucha gente; que aparte de convivir con el flagelo de la guerra también viven temerosas por el acecho de la violencia que cada vez es más frecuente entre el seno familiar.

Nuestras sociedades siempre han vivido en una permanente evolución, cuyo ascenso genera inestabilidad y con ello frecuentes crisis que encierran un potencial de cambio que generalmente obliga a mejorar su sistema estructural, político, económico, religioso, o cultural. Presentando nuevos horizontes hacia umbrales más civilizados; con oportunidades hacia conocimientos cada vez más técnicos y por lo tanto accediendo a una vida más cómoda.

Sin embargo, se corre también el peligro de adquirir factores que arriesguen el actual sistema de vida. Ciertamente los cambios sociales aplicados en distintas épocas, han ido transformando el entorno físico de los pueblos, que luego pasan hacer ciudades cada vez más modernas.

De la misma manera, estos cambios también afectan al ser humano. Ya su forma de pensar, de hablar de sentir; va cambiando, adquieren nuevos factores que alteran costumbres y tradiciones. Además, la modernización de la sociedad, origina nuevas expectativas de vida especialmente para las comunidades más marginadas que emigran a otras tierras y se lanzan en la búsqueda de un mejor futuro para sus familias.

James truslow. Historiador estadunidense, en su obra; "la Epopeya de América" narra historias contemporáneas de grupos familiares que se lanzaron a la aventura de la migración; buscando el "sueño Americano" La migración ha sido un factor clave en el desarrollo y avance de la humanidad.

Surgen nuevas etapas, se mezclan costumbres, nacen nuevas ideas; la civilización se diversifica en varias culturas y la humanidad crece, se moderniza y poco a poco aquellas épocas doradas, van dejando de existir.

Grandes eventos históricos le han dado un antes y un después a la humanidad, marcando cada vez un nuevo rumbo, presentando un incierto futuro que deja tras de sí un pasado violento con víctimas, sangre y traumas psicológicos.

La sociedad como la ciencia, necesita acompañarse de los cambios para crecer y madurar; de lo contrario sería víctima de una entropía que estancaría su desarrollo cultural, social y moral. Pero no son los cambios ni la evolución social del hombre lo que destruyen las épocas doradas, sino la actitud sicológica como el ser humano se enfrenta a su destino.

Las guerras que ha vivido la humanidad, le ha permitido cambiar, evolucionar, transformarse. Pero estos cambios como ya dijimos, conllevan riesgos que afectan sicológica y culturalmente al ser humano. De hecho, durante la primera guerra mundial, la humanidad ya venía experimentando el cambio industrial del trabajo manual al manufacturero, y fue las necesidades de la misma guerra el impulso que llevo a la sociedad a perfeccionar la tecnología; no solo en el campo armamentista si no también en la agricultura, el transporte, la medicina, y muchos otros sectores de la sociedad.

Una nueva y trascendental tecnología empezaba a transformar la reciente civilización, el ser humano se estaba convirtiendo en un ente moderno y civilizado. Con el paso de los años, conseguiría mucho más que eso.

El costo de pertenecer a una sociedad moderna es alto, y para lograr pertenecer y permanecer en ella es necesario cumplir determinadas condiciones de ética y valores humanos, sometiéndose a una ley compensatoria donde trabajador y empleador se compensan mutuamente para lograr un fin. Es decir, "Yo trabajo y tú me pagas".

Sin embargo, tanto desarrollo, tanta tecnología, tanto lujo y comodidad pasan también su factura. Y el hombre moderno vive para trabajar y trabaja para pagar sus facturas. Este tipo de compromisos ha transformado la personalidad de muchos que acosados por la presión económica, han adoptando características maledicentes que sin saberlo participan ignorantemente en el crecimiento de la violencia en el mundo.

Una violencia que nace por causas que muchas veces pasan desapercibidas; se originan en un pequeño círculo social y se extiende como una epidemia por todo el mundo.

Actualmente, el ambiente que nos rodea se destaca por los rumores de guerra e interminables conflictos bélicos entre naciones que cimentan su guerra sobre ambiciosas estrategias que comprometen la estabilidad de su pueblo.

De por si la ideología de un gobernante se basa en su ambición y su ambición es movida generalmente por amor al poder. Y el poder para el gobernante ordinario, es un juguete muy peligroso.

La experiencia obtenida de las pasadas guerras, ha generado entre las potencias más populares la desconfianza y el recelo, haciendo aun más susceptible sus fronteras y su prestigio. Una tercera guerra podría ser originada por el más mínimo mal entendido diplomático.

Un gran evento bélico es lo que menos quiere la humanidad. Y ante una posible guerra los únicos que estarían preparados para enfrentarla serían las instituciones militares.

Las guerras son consideradas un acontecimiento nefasto y sin embargo, su efecto sobre la sociedad sería similar a lo que hace el campesino cada vez que recoge una cosecha. Por muy malo que parezca, es necesaria para el progreso de la misma humanidad.

Por lo tanto, es más que necesario que el ser humano entienda; que las posibilidades para que el mundo entero viva en completa paz son prácticamente nulas; a menos que él mismo se integre conscientemente en su búsqueda. Porque siempre existirá en la mente del ser humano la palabra violencia.

El final de una guerra, no termina cuando las partes en conflicto se reúnen para firmar un tratado de paz. Se necesita mucho más que un apretón de manos.

El drama de la humanidad, reside en la imposibilidad de utilizar mecanismos eficaces que le permitan comprender lo tradicionalmente material y confrontarlo con la realidad que cree ser su vida. La moral ajena a las circunstancias del espíritu, no necesita separarse de los estados científicos de la sociedad para convencerse que forma parte de un todo; donde lo material, espiritual, moral y científico son en su complemento la vida misma.

Muchos importantes personajes históricos, han coincidido, en que el principio de la tragedia de la humanidad parte inconfundiblemente de su ignorancia; como dice el escritor americano, Bronson Alcott en su libro, "los Principios Generales" *"La enfermedad del ignorante es ignorar su propia ignorancia."*

El ser humano en muchas ocasiones desconoce, que determinada actitud no tiene razón de ser en algunas circunstancias o eventos de la vida. Su forma de pensar, hablar o actuar, forman parte del montón; habla lo que los demás hablan, piensa lo que los demás piensan y actúa como los demás actúan.

Se comporta como uno más del montón. No hay nada nuevo ni autentico en él, siempre depende de los demás. Se equivoca comete errores y busca culpar a otros de su ignorancia; se siente impotente en el momento de hacerse responsable de sus equivocaciones.

Cree que este comportamiento es correcto, aunque en el fondo solo sea una fantasía, un resultado de su sueño sicológico. Es improbable que el ser humano, logre identificarse a sí mismo como el resultado de un producto condicionado por la misma sociedad, y a menos que recurra a mecanismo consientes que lo rescaten del montón. Su actitud frente a la vida es y será la que observe a su alrededor.

Generalmente, las distintas sociedades del mundo moderno tienen una visión errónea acerca de la vida, su preparación para formar parte de una sociedad civilizada no satisface las necesidades de una cacareada humanidad que solo acepta lo vulgar excéntrico y grosero; de otra manera, se consideraría una anormalidad que no se ajusta a las necesidades de la degeneración presente en el hombre moderno.

Es esta visión, la que permite observar la vulnerabilidad de la humanidad ante el monstruo de la violencia, que cada vez logra más adeptos en sus filas.

La sociología define la familia como una de las principales instituciones más sobresalientes del orden social, porque existe un vínculo afectivo entre sus miembros que permite colocarla como la base misma de la sociedad. Empero, las contradicciones no se hacen esperar y delatan un oscuro protagonismo que nace en el seno de la familia y viene dándole vida a la violencia domestica desde hace muchos siglos.

Ahora en estos tiempos modernos el asunto no ha cambiado, no mejora, y la posibilidad de ir más allá de lo complejo es alta. Eric Fromm, psicoanalítico alemán, comenta al respecto. *"Hablar de violencia domestica no solo compromete el ataque físico sino también el psíquico, cuya acción atenta contra el ajuste psicológico de futuras generaciones"*

Bien es sabido que el futuro de la humanidad descansa en manos de la juventud, pero,..... ¿Qué sucede cuando un niño es víctima o testigo directo de la violencia por parte de su familia?.... Pues las consecuencias de tal violencia, crearan secuelas psicológicas que se esconderán en lo profundo de su subconsciente y le acompañaran por el resto de su vida. Con un oportuno tratamiento psicológico, estas secuelas no tendrán ningún desarrollo importante. Mas cuando no hay tratamiento, el niño adoptara conductas agresivas que se volverán de mucho cuidado en su edad adulta.

El esfuerzo que realiza la psicología moderna por frenar la violencia familiar, ayuda a controlar y hacer manejables aquellas situaciones que sin una adecuada orientación podrían ser fatales. Pero ello no elimina las causas de tal comportamiento; El hecho de profundizar en la psiquis del ser humano, educarlo, refinarlo y presentarlo ante la sociedad como todo un profesional no significa haberlo liberado de los grilletes que aún atan su subconsciente.

Durante la década de los 80, en los EE.UU. se presento un aumento de la violencia de género que activo la alarma entre los defensores de los derechos humanos, que reclamaban ante las naciones unidas, acciones pertinentes que detuvieran o por lo menos frenaran la desbordada violencia e interclasista que se mostraba muy activa en todo el mundo.

La violencia es y aun sigue siendo un enorme flagelo que existe en todo el planeta, y no podemos esperar que las naciones unidas o las comisarias de familia encuentren una solución o eliminen esta enfermedad, porque nunca va suceder.

Por más decretos que surjan, por más huelgas y protestas que se hagan, por más que metan a la cárcel a los culpables; la violencia de género y cualquier tipo de violencia siempre existirán; porque es un delito o si se prefiere una enfermedad síquica que se esconde dentro de la psiquis del ser humano.

Sin duda alguna, la mujer que más recibe maltrato domestico son aquellas que residen en sociedades marginadas, donde la ignorancia es superior a la misma educación.

La familia moderna, es decir la familia civilizada, se caracteriza precisamente por ese gran protagonista; la ignorancia, que no ve, que no oye, que no siente, cuando es cómplice de la despectiva violencia. Y nos preguntamos.... ¿donde están las causas y cuál es la solución?

Es aceptable desde el punto de vista literario escudarnos tras la palabra familia buscando representar nuestro origen maternal o paternal y cada uno de los caracteres sociales que conlleva el reconocimiento de un apellido.

No obstante, la idea global que tenemos acerca de la familia, se limita tan solo a las definiciones que normalmente se leen en los diccionarios, acreditándole importancia únicamente a aquellas personas que comparten su posteridad genérica; olvidando que constantemente nos encontramos rodeados por personas de distintas clases sociales, que por el hecho de ser seres humanos comparten la misma tragedia.

Durante siempre, los padres de familia han sido y siguen siendo el ejemplo vivo de la temprana educación que de manera inconsciente entregan a sus hijos.

Aunque la sutilidad de los primeros conocimientos no es percibida sino por el subconsciente de éstos, el peligro es inminente cuando no existe orientación al respecto; la ausencia de una oportuna respuesta a problemas o eventos de violencia, que para cualquier persona adulta no pasaría de ser algo simple; pronto tomara forma y personalidad propia en la mente del niño, adoptando el comportamiento conque sus padres lo enfrentan.

Jenny Teichman, Filosofo australiano, precisa en su libro "Ética Social" *"El ser humano es valorado y reconocido, cuando su personalidad desarrollada comprende que a su alrededor existe un mundo dominado por ideas acerca de lo correcto y lo incorrecto, de lo bueno y de lo malo"*

Para descubrir oportunamente este mundo, el niño necesitara más que los concejos de sus amigos, porque sólo; llegaría muy tarde para comprenderlo.

La familia como legal representante de la sociedad, viene avanzando con esfuerzo; dejando atrás un doloroso pasado que se repite generación tras generación. Situaciones de rencor, envidia, odio y venganza, mezclados con una insuficiente educación familiar; crean un ambiente hostil especialmente para los hijos que empiezan a buscar respuestas a su ignota existencia. Y se ven metidos en un ambiente que se hace cada vez insostenibles para ellos; y como otros, que al ver cohibidas sus aspiraciones, sus ideales, sus fantasías de juventud, deciden huir de sus hogares en busca de una mejor comprensión.

Muchos en su vulnerabilidad, son presa fácil para las redes de prostitución, drogadicción, y todo tipo de delincuencia social.

No es la meta del destino que un hombre se amarre a una tradición financiera, conservando los ideales económicos de sus antepasados, llevando generación tras generación, una herencia y un camino fortuito hacia su posesión.

Empero al otro extremo, el asunto no es mucho mejor, el panorama que nos muestra la alta sociedad activa la imaginación de los menos favorecidos que viven convencidos que la felicidad se encuentra detrás de una gran fortuna.

Con ese condicionamiento mental, la incansable búsqueda del ser humano por ofrecerle una vida digna a su familia lo obliga a ser más exigente con la sociedad, y en muchos casos esas exigencias van más allá de una simple protesta que en ocasiones han originado conflictos sociales y dolores de cabeza a toda una nación.

El crudo análisis, por encontrar la razón más lógica que nos lleve a entender la problemática social que vive la humanidad, ha permitido dejar al descubierto el protagonismo de los padres de familia como principal causa de violencia social.

No obstante, esta causa ha sido fruto de la ignorancia humana que dejo a un lado los valores espirituales, adoptando los religiosos, pues basta con unos simples golpes de pecho para el perdón de los pecados y, más aun cuando la tradición religiosa se encuentra en medio de los proyectos familiares dictando normas de conducta, para evitar una posible contaminación con la actual onda juvenil. Y no es que la llegada del nuevo milenio sea perjudicial para los jóvenes, sino que no existe una madurez solidad para comprender la fuerza avasalladora de la nueva era.

Una evidente causa inconsciente, digamos la más popular, que ubica a un padre de familia como causante de la desgracia en el futuro de sus hijos, es aquella en el que el padre se siente satisfecho, porque ha cumplido con la sagrada obligación de educación, alimentación y vestido; sin darse cuenta que el cariño y el afecto paternal ha sido superado por sus propios intereses personales; que generalmente tienen que ver con mantener en alto una respetable imagen de su círculo social.

Otra causa no menos importante que la anterior, es aquella donde el padre o la madre como cabeza del hogar, naufragan con facilidad en una copa de licor. Y las consecuencias de sus lagunas alcohólicas producen efectos, no tan solo personales sino también familiares y no solo físicos, sino también psicológicos.

De la misma manera, la sexualidad familiar cuando carece de sentido educativo hacia los hijos, crea una barrera que represa muchos interrogantes y que de alguna manera el niño se las ingenia para encontrarles respuestas; obviamente muchas no son las acertadas, y en muchos casos los resultados originan personalidades perversas y caprichos sexuales que determinan conductas delictivas.

Y qué decir de la moderna infidelidad, que empuja a muchos hogares a un constante debate entre el divorcio y la mentira, donde los más perjudicados siempre son los hijos.

La violencia en la sociedad tiene un origen individual, es decir, el ser humano. Este último, como componente de la sociedad aporta de acuerdo a lo que ha recibido durante su preparación como hijo, como estudiante, como profesional, como hombre, etc. Y si la violencia existe en la sociedad ha sido porque el ser humano consciente o inconscientemente la ha aportado. '¿Pero de donde la ha recibido? ¡.

Lo que no entendemos es que toda la vida es un drama, a veces nos suceden cosas agradables pero también nos suceden cosas desagradables, ante los sucesos agradables nos sentimos bien, contentos, algunos nos atrevemos a decir: (Hoy es el día más feliz de mi vida) Pero cuando las cosas son al contrario, nuestro ánimo es distinto. Lloramos, maldecimos y hasta tratamos mal a las personas que queremos y aunque somos consientes de ello, no lo podemos evitar. ¿Por qué sucede esto?...

La respuesta más razonable, es porque el individuo social, moderno; ha nacido y se ha criado en un mundo acotado por un condicionamiento técnico, que impide que el hombre se desarrolle espiritualmente.

Los hechos hablan por sí solos. Basta asomarnos a la realidad del diario vivir o leer el periódico del día para comprobar que el ser humano se mueve en un ambiente mecánicamente material.

El mundo con sus iglesias, con sus santos, con sus héroes, no ha podido evitar que el ser humano deje a un lado su conducta mecanicista; guerras y más guerras son el resultado de esa conducta. Secuestros asesinatos, robos, atracos, dinero, poder y más poder.... ¿A dónde quiere llegar el hombre con esa actitud?

Recuerdo que en una de mis conferencias, hice la siguiente pregunta al auditorio: ¿Quién es el responsable de que el mundo viva en constante guerra? Las vagas respuestas no dejaron de ser las mismas, la mayoría estaba de acuerdo en responsabilizar a los países involucrados en el conflicto, otros culpaban a las grandes potencias capitalistas, mientras que la mayoría, culpaban a dios.

Mantener nuestro hogar, nuestro planeta en paz, es responsabilidad de cada uno de sus habitantes, la diferencia está en el poder; a mayor poder, mayor responsabilidad.

Todo hombre, por grande o pequeño que sea, tiene a su disposición un poder; el cual debe aprender a utilizar. De la misma manera que un jefe de empresa tiene poder sobre sus empleados, un padre de familia tiene poder sobre sus hijos, y depende de ese poder la calidad con que se construya un hogar.

A lo largo de la historia, las diferentes sociedades en especial las familias más poderosas; habían adoptado hasta hace poco mecanismos despectivos para separar su linaje y protegerlo de otros menos favorecidos, que por su raza, color o por su pobreza; eran considerados despreciables y por lo tanto menos virtuosos.

Este tipo de pensamiento, que se paseaba soberano por la mente de la aristocracia de las sociedades del pasado, le dio vida a la inhumana y cruel esclavitud. Una esclavitud que marco diferencias raciales, sembrando en muchas familias sentimientos de odio, venganza y rencor.

Sentimientos que vienen transmitiéndose de generación en generación. Lo peor es que, son muchas las personas que han adoptado este tipo de sentimiento y lo han acondicionado como parte de su personalidad.

Nos encontramos en el siglo XXI, una época moderna donde es evidente el florecimiento científico de la ciencia, la electrotecnia y la electrónica; marcando una gran diferencia como civilización ante los sorprendidos sobrevivientes del siglo pasado, que cada vez les cuesta adaptarse a las nuevas y sofisticadas tecnologías.

Empero, la vida es ahora más cómoda, existe más libertad, más respecto; más oportunidades de educación y de profesión. En épocas anteriores era comprensible que las sociedades, por ejemplo: de la segunda guerra mundial; vivieran en una constante incertidumbre y no gozaran de las comodidades de las se pueden permitir las personas de hoy en día.

La diferencia entre épocas solo es cuestión de hábitos o costumbres para adaptarnos a las cosas modernas. Pero el ser humano piensa, habla y hace las mismas cosas que en épocas anteriores. No ha cambiado, sigue siendo el mismo.

La ciencia avanza, las cosas mejoran, pero el ser humano sigue siendo el mismo o tal vez peor; entre más avanza la ciencia, él se degenera, pierde el control de su vida; se vuelve delictivo, asesino, maltratador, drogadicto, alcohólico, etc.

En mi recorrido por la vida, me he encontrado familias que no son felices por falta de dinero, y también me he encontrado familias con mucho dinero, y tampoco son felices. Y esto sucede porque el problema de la felicidad no es cuestión de dinero, es un asunto de conciencia.

Asociar la miseria y la riqueza con la felicidad, es una buena excusa para encontrar un culpable, y descargar sobre él, todo el sufrimiento de nuestra desgracia.

Piotr Ouspensky, filósofo ruso; solía decir en sus conferencias: "*la vida es una gran escuela y el hombre se encuentra en ella para aprender una lección, cuya finalidad es aprender a separarse de la vida.*"

Separarse de la vida significa encontrarle un sentido a nuestra existencia, vivir en equilibrio con el mundo que nos rodea. Vivir con más conciencia, darnos cuenta que el mundo no solo es material; que también tiene mucho de espiritual.

Debemos aprender a ver la vida desde los distintos ángulos que nos ofrece la existencia. Algunas ocasiones son propicias para probarnos a nosotros mismos sobre lo que realmente buscamos y queremos; pero si la visión que tenemos acerca de la vida se ve limitada cuando solo aceptamos aquello que podemos ver, tocar oír, etc. entonces nuestro entendimiento acerca de la misma, siempre será incompleto.

A veces no es fácil para nuestro entendimiento, comprender los sentimientos que llevan a una madre a asesinar a sus hijos o a un padre, abusar sexualmente de ellos; motivo y causa de escándalo. Sin embargo, nos parece normal la violencia a escala social que a diario deja sus muertos.

Pero si observamos consientes el escenario de la vida, como simples espectadores, comprenderemos mejor las razones por las cuales existe tanta violencia en el mundo.

El ser humano inconsciente, señala los errores de los demás sin mirar los propios. Esta falta de auto evaluación, permite que el humanoide intelectual en su búsqueda por ser feliz, se auto engañe a si mismo cada vez que se mira en el empañado espejo de sus creencias; de las que defiende a capa y espada contra la acometida de los pocos que luchan por sacar a la humanidad de la ignorancia.

Los programas de educación de los gobiernos de cada nación, arrojan beneficios muy pobres en materia de educación familiar; debido a que desconocen las causas intrínsecas que originan el desorden de la psiquis humana, que luego se cristalizan en su comportamiento.

La psicología moderna conoce estas causas, pero no se atreve a luchar contra ellas. Sabe muy bien que sería algo más que imposible lograr que el ser humano se despegue de todo aquello que le hace tanto daño, y que paradójicamente, es lo que más le gusta.

Estos programas nos enseñan a relacionarnos correctamente con los demás, pero no nos enseñan a relacionarnos correctamente con nosotros mismos. Y mientras no exista una buena relación con nosotros mismos; jamás lograremos relacionarnos correctamente con los demás.

Durante la primera parte del siglo XX, la labor docente era dirigida hacia la preparación de individuos mentalmente condicionados para mejorar la creciente industria empresarial; sometiéndoles a una tradición que velaba realidades convirtiéndolas en tabú. Reprimiendo sentimientos y emociones que más tarde estallarían en la década de los 60, con la aparición del movimiento hippie y una desesperada revolución por romper las cadenas mentales impuestas por la religión y una despectiva burocracia.

La década de los 60, fue el principio de los trascendentales cambios psicológicos que tornarían el sumiso pensamiento de principios de siglo, que ya libre de la inquisidora amenaza religiosa, desplegaría sus alas y se filtraría en cada rincón de la sociedad haciendo realidad los deseos de muchas voces y pensamientos que fueron silenciados siglos atrás.

Desde entonces, el hombre se ha permitido vivir más cómodamente y ahora su misión es encontrar la felicidad. Pero no se puede ser feliz si no se predispone para ello. El mundo con el que se identifica actualmente lo obliga a vivir en la ignominia, aceptando las condiciones de una existencia ilusoria que muy difícilmente llegara a realizarse.

Necesitamos ir más allá del factor vida, cuestionándonos seriamente de lo que esperamos de ella; pues si se quiere ser feliz al lado de los seres queridos, es necesario luchar por ello.

Pero sobre todo saber contra quién debemos luchar; porque si no lo sabemos... ¿que podríamos lograr? La lucha es contra nosotros mismos, aquí y ahora. Jesucristo lo dijo hace dos mil años: *"Niégate a ti mismo"*

Pero no caigas en el error de muchos, la decisión de lo que se quiere ser y de lo que se debe hacer, no se encuentra en el derrotero familiar, tampoco en ninguna institución religiosa o política.

Hay que Buscarla dentro de sí mismo, allí se encuentra esa información y todo lo que se necesita saber para convertirse en un autentico hombre. Porque la felicidad no es otra cosa que un estado de conciencia, que esta más allá del bien y del mal; incluso más allá de la misma familia, es algo que esta lejos de nuestro alcance, pero al que es posible llegar.

Generalmente lo que nos lleva o nos conduce a mejorar nuestra vida, es la experimentación directa y consciente de nuestra miseria espiritual, y solo se puede sentir cuando se ha sufrido demasiado; cuando el dolor de los demás nos afecta, cuando las respuestas no son suficientes.

Ya es hora de voltear las páginas de nuestra triste historia y empezar un nuevo capítulo, con una mejor forma de pensar, de sentir y de actuar.

Es obvio que cuando se realiza un cambio interior, un cambio de conciencia, entonces todas las circunstancias externas de nuestro entorno social como el desempleo, la salud, el dinero, la familia, etc. también cambian y podríamos decir que nos encontramos en el camino correcto hacia una nueva y mejor vida.

"Cultivad el arte de la atención, por medio de la voluntad, y habréis solucionado el secreto de la maestría de los humores y los estados mentales."
(H. Trimegisto)

Capítulo III

RELIGIÓN DE HOMBRES, CIENCIA DE DIOSES

Siempre se ha pensado, que ya estaba todo dicho acerca de la misión que vino a realizar Jesucristo en la tierra, y cuan equivocados están, los que así lo creen.

Aunque el espinoso tema de la religión, ha sido explícitamente comentado a lo largo de la historia; no dejan de aparecer nuevos descubrimientos que obligan a replantear una vez más, el mensaje del hijo de Dios.

Tanto su vida como su obra, aun se sigue presentando en la actualidad como un misterio para el cual ya existe una diversidad de respuestas que calma la incertidumbre, especialmente de los feligreses más apegados a las distintas religiones.

Dentro de las perspectivas cronológicas que nos permiten las diferentes y variadas fuentes, tanto literarias como científicas; encontramos distintas interpretaciones del mensaje cristiano.

No han sido pocos los hombres, que en diferentes épocas y en diversos lugares, incursionaron valerosos como apasionadamente en el universo de lo oculto; incluso mucho antes de Cristo.

En muchos textos de la antigüedad; poetas, filósofos, científicos, astrónomos, artistas, y mucha gente más; nos han hecho entender que la búsqueda del hombre por conocer su pasado y su origen, no es algo que surgió ahora último.

Ya en las antiguas civilizaciones, la ciencia venia avanzando y realizando descubrimientos que situarían la presencia del hombre, dentro de un marco tradicionalista; que cada vez se dejaba rodear de dogmas y suposiciones; dificultando la adquisición de respuestas correctas. Incluso, existe un alto porcentaje de desconfianza que impide la búsqueda de respuestas fiables no solo en la biblia, sino también en todos aquellos textos que el hombre considera sagrados.

El acceso a las traducciones y las modificaciones de la biblia, han sido reglados por autoridades eclesiásticas para que el hombre tuviese una mejor comprensión de la palabra de dios; alterando su originalidad. Y no me estoy refiriendo a un acto de heterodoxia; si no a la línea de mando por donde discurre las ordenanzas, que no siempre han gozado de buen prestigio entre sus seguidores. Por otro lado, el ser humano es proclive a fanatizarse fácilmente con las cosas sagradas; esto también incide mucho a la hora de interpretar un texto como la biblia, entre otros.

Paradójicamente las cosas divinas, no son aceptadas, sin antes pasar por un minucioso análisis; realizado por un grupo de mortales, donde la mayoría de sus investigaciones constantemente se fundamentan en hipótesis.

Si nos propusiéramos hacer un inventario acerca de la cantidad de grupos o instituciones que basan sus doctrinas a partir de la biblia, encontraríamos un sorprendente número que triplicaría cientos de veces los casi 70 libros que la componen.

Visto de esta manera, se estaría juzgando incorrectamente al precisar, que tales grupos o instituciones religiosas, marchen por un camino equivocado; cuando sus acciones o actividades, han sido imprescindibles para frenar la maldad de la cual es capaz de acometer el ser humano. Pero desde el aspecto espiritual, la comprensión del conocimiento divino, exige una dilatada preparación tanto física como psicológica, que no admite fanatismos ni exaltaciones públicas; porque es algo que se vive íntimamente consigo mismo.

El nacimiento de las religiones no viene desde la llegada del mesías. El hombre siempre ha tenido la necesidad de sentirse resguardado bajo una protección superior que le brinde seguridad, y experimentar una razón de ser a su existencia; es un sentimiento inherente a su entorno espiritual que siempre le ha acompañado, y su manifestación ha obedecido de acuerdo a su condición evolutiva.

En éste sentido, Winfried Corduan, escritor alemán y profesor de filosofía; dice en su tratado, "Vecinos de Fe" *"Dios puede haberme creado con esa idea para que pueda relacionarme con él"* En modo alguno estaría mal encaminado. Puesto que las apreciaciones en cuanto a la presencia de Dios, dentro de la fisionomía sicosomática del ser humano; es algo que se experimenta cada vez que existe una decisión moral.

No es algo que haya nacido con el crecimiento de la personalidad, se trata de una relación perpetua con un principio divino, donde las palabras serían muy anémicas para describirla.

La humanidad desde su infancia aprendió a idolatrar. Si piedras tenía a su alcance, pues piedras idolatraba y la sensación que se reflejaba en ese acto le transmitía seguridad. Y así empezó a llenarse de ídolos y de dioses que a la llegada del hijo de Dios ya sumaban miles.

En pleno siglo XXI, muchas personas aún no tienen claro si es real la existencia de un Dios, y otras no saben cómo definirlo. La ciencia ha agotado todos los recursos para comprobar su existencia y los resultados siempre son los mismos. La mentalidad del hombre creyente como el no creyente, se asocia en algo que los relaciona y es que ambos comparten su propia ignorancia.

Querer realmente saber qué es Dios, no se encuentra al alcance de la mentalidad humana, se necesita una mentalidad superior para por lo menos acercarnos a su insignificante grandeza.

No necesitamos dejar de ser humanos para conocerlo, es mas; siempre ha estado con nosotros, nunca nos ha abandonado. La percepción que la gente normalmente tiene de él, es otorgándole una personalidad espiritual, pero Dios es mucho más que una definición, que una imagen, que una figura.

Sólo existen en el idioma del mundo dos palabras que podrían acercasen a una posible definición y son: "fuerza y energía" es como un fuego abrazador que no quema, pero que enciende la chispa de la vida. Es un nombre que todos saben pronunciar pero que muy pocos valoran. Se trata del amor. Pero un amor consiente, muy distinto al amor terrenal que todos conocemos.

Este amor constantemente se entrega y se sigue entregando, sin esperar nada a cambio de esta interesada humanidad. Y lo que ha entregado hasta el momento, ha sido suficiente para que el ser humano avance y progrese.

Así se demuestra un amor oculto que se revela a través de grandes hombres, que han dejado su huella impresa en magnificas obras e inmemorables mensajes que han servido de guía para la humanidad.

Por lo tanto, entiéndase que: el talento artístico, literario, científico, filosófico, etc. no es consecuencia simplemente de un título universitario. Detrás de ello, esta la intervención de la descendencia de un principio crístico, que ciertamente viene llevando de la mano al ser humano a lo largo de su camino evolutivo, perfeccionando su arte.

Lamentablemente, la distorsión de las verdades del conocimiento divino, hizo presencia desde muy temprano en la frágil mentalidad humana, que al día de hoy adquiere dimensiones gigantescas.

Las numerosas organizaciones religiosas, incontables por cierto; han moldeado su propio Dios con argumentos históricos; envolviéndolo alrededor de un conjunto de normas, leyes y mandamientos, dándole un perfil sagrado; ajustándolo a sus intereses religiosos, políticos, económicos, haciendo que el camino hacia el padre se haga mucho más largo.

La batalla que sugieren distintas instituciones religiosas por demostrarle al mundo la preferencia que dios tiene hacia éstas; se ha convertido en una competencia institucional, que ha generado peligrosos factores que en muchas ocasiones han terminado en tragedia. Me refiero indistintamente al fanatismo religioso, que últimamente su manifestación más que imponente, exige su credibilidad.

Las grandes exaltaciones religiosas de las que son capaces los humanos, obedecen como ya se dijo anteriormente a su ignorancia. El fanatismo más violento es muy frecuente entre las comunidades islámicas, que más que una religión; es considerada una organización terrorista, por la combinación de intereses políticos. Pero su peligrosidad, radica en la fragilidad de su doctrina mahometana que no resiste la más mínima crítica.

Su fundador Mahoma, un político y estratega militar; (570-632 D.C.) asegura haber recibido del ángel Gabriel, los preceptos necesarios para la creación de la verdadera y única religión autorizada por Alá. Después de su muerte, sus seguidores transcribieron sus enseñanzas a un libro que hasta el día de hoy se le considera lo más sagrado de sus creencias. El Corán.

Empero las creencias religiosas de los musulmanes, se extienden más allá del origen del Islam, aproximadamente 2300 años antes de Cristo, donde situamos a Noé. Aunque Abraham es considerado según la biblia, el primer patriarca. Noé, también vendría a ser uno de los primeros patriarcas antes del diluvio. Pero su valor religioso se fortaleció cuando Jehová, puso sus ojos en él, e iniciando un nuevo periodo luego de que desapareciera bajo las aguas, la raza generada desde Adán.

Según los historiadores, con Noé se establecieron los principios básicos del Islam. Sin embargo, para aquella época la religión dominante era un agonizante Mazdeísmo; que sufría el azote sangriento de un pueblo escéptico, que veía la magia como una enfermedad demoniaca.

En realidad el mazdeísmo, fue el residuo de un conocimiento ajeno a la razón humana, que aún conservaba los principios herméticos descritos por Enoc.

Fue el Mitraísmo, quien recogió lo poco que quedó de la doctrina de Zoroastro. Lastimosamente fue superior la incapacidad de la mente humana para comprender la fenomenología del momento; que rápidamente se contamino llenándose de imágenes e ídolos que perduraron más allá del imperio romano.

Abraham, siendo patriarca hebreo, también se le considera como el padre del henoteísmo, es decir, aunque se creía en la existencia de varios dioses, solo adoraba uno solo; lo cual sería muy normal por aquella época, ya que el Mitraísmo era muy flexible en cuanto a dioses se tratara. Por lo tanto las concesiones de la cultura islámica tuvieron su primer postulado a partir de Moisés y no de Abraham o Noé como se cree.

Sin embargo, el judaísmo cuyo origen se remonta al patriarca Jacob, ya venía asimilando la existencia de un solo dios, por lo tanto, el pueblo de Jacob, se entregaba a una religión monoteísta, cuyos principios llegaban directamente de dios a través de Jacob; era lengua viva y directa para preparar el terreno sicológico del ser humano hacia la culturalización de las cosas divinas.

Hoy en día, muchos historiadores plantean el asunto religioso como una consecuencia cultural, ignorando que detrás de todo ello germinaba un proyecto cósmico-espiritual, que no tendría efectos a corto plazo. El diseño sicosomático del humanoide intelectual de aquella época, aun se encontraba en proceso de asentamiento de los cambios evolutivos de una raza extinta a otra, que adoptaba nuevos componentes, dejando atrás un modelo antiguo de ser humano.

Para aquella época, el ser humano con una estructura molecular físicamente completa, se encontraba listo para poblar el planeta; pero su psiquis, necesitaría adquirir experiencia. Motivo por el cual, los visibles prodigios a los que asistió el pueblo de Israel, rápidamente pasarían a un segundo plano, donde perdía su importancia.

El judaísmo asentado en las tierras de Canaán, fundamento su doctrina en la Torá o el pentateuco, que contiene las leyes de Moisés. Dichas leyes regirían tanto el comportamiento particular como colectivo de los israelitas a lo largo de su travesía por el desierto. Las ordenanzas sagradas, tenían como objetivo encausar el comportamiento del pueblo israelí, diferenciando lo que le era agradable y abominable a los ojos de Jehová.

Aquellas leyes acusaban una justicia drástica, con consecuencias mortales, que de hecho delataban a un dios terriblemente celoso. Pero leyes o mandamientos que por la dureza de su ejecución, posibilitaban la emersión de un hombre autentico, con plena conciencia de sí mismo.

No obstante, el método no era muy adecuado para una humanidad arropada aun por su ignorancia. Era necesario prepararla y educarla para que comprendiera los preceptos divinos. Sin ellos, el dichoso paraíso seguiría sin existir, aunque estuviesen viviendo en el mismo. Entonces, la humanidad conoció a sus profetas.

Dios en su inalterable existencia, se vale de una compleja red de personalidades celestes, que se instalan como un ajustador espiritual dentro de cada mortal.

El trabajo particular de éste ajustador con el ente mortal, permite una estrecha comunicación con el padre y hace presencia a través de sus profetas, guiando, educando y hasta modificando las leyes.

Es decir, preparando al pueblo para el gran cambio. Que no sucederá por medios externos, si no por responsabilidad individual. Es decir, cada ser humano será el artífice de su propia existencia y la conquista de su individualidad interior, solo será responsabilidad propia.

Esto nos indica cuan equivocados están los que creen, que por el hecho de pertenecer a determinada institución religiosa ya se esta a salvo.

Muchos pensaban que cuando llegara el mesías, éste tomaría el control de la humanidad y desterraría, incluso eliminaría a todo aquel que no llevara sus preceptos. Con esta ideología se fortaleció la doctrina moiseana; quitando y agregando fragmentos, alterando la Torá, adecuándola a sus ideales religiosos. Entonces el legendario pentateuco perdió su originalidad. Creció y se extendió, llevando consigo consignas que muchos aun creen que son disposiciones divinas.

El cristianismo es el resultado de un fogoso movimiento que surgió luego de la muerte de Jesús de Nazaret, su origen como movimiento fue a partir de sus discípulos y como religión a partir de Constantino el grande.

La aparición del esperado mesías, causo decepción incluso entre sus mismos apósteles, que esperaban a un libertador político que los liberara de la humillación y la opresión romana. Eran muchos los que no esperaban que el mensaje del mesías fuera un mensaje de amor. Un mensaje a largo plazo.

Jesús no entrego ninguna doctrina, ni tampoco fundo ninguna religión, tampoco vino a salvar a nadie; de hecho dios hizo al hombre inmortal. Puesto que lo que muere no es el hombre, si no su envoltura material. Él, simplemente vino a entregar un mensaje del altísimo, un mensaje revolucionario de amor.

Su vida familiar se desarrollo como la de cualquier habitante de la antigua Judea, incluso aún de joven no era consciente de su divinidad. Su alma terrenal debía cumplir y someterse a las leyes y tradiciones de la sociedad. Era necesario que el hijo del hombre adquiriera la experiencia necesaria sobre su condición humana; aprender de su propia creación. Solo así podría reconocer llegado el momento, su divinidad.

A diferencia de Jesucristo, cualquier hombre tiene la posibilidad de adquirir su estatus divino, pues fue hecho a semejanza de la divinidad para tal suceso. Pero es un proceso que requiere inicialmente tres aspectos: La necesidad de conocer a Dios, una intensa búsqueda por encontrar su camino y una rígida voluntad por llegar a él.

Éste proceso no esta sujeto al tiempo, y lograr ésta meta requiere varias existencias; por lo mismo, el ser humano ha sido dotado de un alma inmortal con tal propósito.

Comprender esta enseñanza, exige una mente libre de ataduras tradicionalistas, libre de convencionalismos académicos que opaquen la adquisición de nuevos conocimientos. De no ser así, seguiremos dando vueltas en la rigurosa rueda del destino existencia tras existencia.

En la actualidad, la historia de las religiones se encuentra fuera del contexto académico, y es mucho mejor así. La búsqueda de la perfección no inquieta a todo mundo; llegara el momento, en esta o en otra existencia en que cada uno iniciará por sí mismo la búsqueda sin que nadie intervenga en ello.

El hombre atado de manos y de espaldas a la realidad, solo ve las sombras reflejadas que pasan a su espalda, las cuales considera la verdad.

(Platón)

Capítulo IV

SEXUALIDAD Y CIENCIA

El 26 de agosto de 1999, se aprobaba la declaración universal de los derechos sexuales de la humanidad. Todo un reto social para las diferentes organizaciones defensoras del puritanismo, que no veían con buenos ojos la integración social de nuevos inquilinos bisexuales.

Y es que en cuanto al sexo ya lo decía Jesucristo; *"piedra de tropiezo y roca de escándalo"* Pero que más puede hacer una sociedad, que constantemente ve como a diario salen hombres y mujeres del armario. Es algo inevitable, una condición sicológica que peligrosamente acompaña al ser humano durante el desarrollo de su personalidad.

Los factores característicos que influyen en la formación sexual de los hijos se encuentran principalmente en el ambiente familiar.

Muchos padres encuentran múltiples dificultades a la hora de impartir educación sexual a sus hijos, entre ellas sobre sale la falta de capacitación pedagógica que abarque el tema en toda su contextura, y a ésta circunstancia se le agrega el desconocimiento objetivo del tema; puesto que muchos padres crecieron en el mundo sin una orientación al respecto.

En cuanto a esto, las soluciones que aportan los gobiernos incluso la iglesia son únicamente informativos y es obvio que no es suficiente. Se necesita algo más contundente, distinto a lo que ya evidentemente se conoce.

Los pioneros de la sexología, como: Albert Moll y Haveloch Ellis, abordaban el tema desde un aspecto científico; comprendían que la sexualidad en el ser humano no solo cumplía la misión de procrear; también influía en el ánimo y el desarrollo tanto físico como síquico de su personalidad. Pero fue Sigmund Freud, con su psicoanálisis quien abriera las puertas hacia una moderna sexología.

El problema de la homosexualidad en el ser humano, es algo reincidente que se origino mucho antes de Adán.

Parece ilógico, que de acuerdo al concepto bíblico, antes de Adán ya existiera el hombre. Pero es así, antes de Adán, el ser humano era hermafrodita; su sicología particular gozaba de la ausencia de cualquier tipo de conocimiento; por lo tanto, no había prejuicios, ni razonamiento alguno. El ser humano fue inicialmente un ente al servicio de la divinidad. Su psiquis conectada a la interfaz de la naturaleza, lo convertiría en un dios sin conocimiento propio; es decir, no era consciente de su divinidad.

Su forma de pensar o su intelecto, aun no gozaban del desarrollo que se tiene hoy en día. Fue a partir de Adán y Eva, y por necesidades de la misma evolución de la raza, que vino la separación de los sexos.

El ser humano de dividió en dos, varón y hembra. Bajo esta nueva condición anatómica, se hacía más tardía y compleja la evolución del nuevo humanoide, que necesitaría miles de años para crecer y madurar. Pero algo fallo, algunos dioses cometieron un error y la nueva raza se precipito al abismo.

Recordemos a Sodoma y Gomorra, representación abismal de toda libertad sexual. La incomprensión de la nueva condición corporal desató en el humanoide nuevos sentimientos que lo llevaron a la degeneración de sí mismo y por ende a su propia destrucción.

Escondido muy adentro, en el subconsciente de su sicología particular, el ser humano guarda los efluvios de su antigua condición hermafrodita y al no haber un control natural que lo guíe; se presentan situaciones homosexuales en sus etapas de desarrollo síquico. Sin embargo, se puede ejercer una temprana intervención cultural sicológica que lo ubique en su estatus masculino o femenino.

No es un delito, que por razones evolutivas, la humanidad presente situaciones homosexuales, el delito se presenta cuando existe un desorden psíquico que lo lleve a abominables desviaciones sexuales, maltratando su cuerpo y alterando su naturaleza sexual.

A diferencia de los animales, el ser humano ha desarrollado la capacidad psíquica de despertar deseos y sensaciones sexuales, Sigmund Freud, lo llamo libido. Y esta libido, trasmite impulsos a veces difíciles de dominar, que terminan en muchas ocasiones arrastrando al hombre a una conducta sexualmente delictiva.

El delito sexual, se origina generalmente en el trastorno sicológico de la personalidad debido a circunstancias de experiencias vividas durante la infancia. El ser humano posee una sicología de fácil condicionamiento mayormente porque se desconoce así mismo.

Con esta desventaja y más aun, cuando se encuentra en la etapa de la infancia, cualquier niño puede ser víctima de un incesto o de una violación por parte de las personas más próximas a él.

El recuerdo de esa experiencia, creara en el subconsciente del niño, cierta culpabilidad sicológica inapropiada; es decir: algunos se culpan a sí mismos, sienten repugnancia, hacia todo aquello que tenga que ver son el sexo. Este rechazo sicológico puede ser parcial o total, creando en la personalidad, un perfil de miedo y timidez.

Las causas pueden ser infinitas. Pero las consecuencias muy peligrosas. La mayoría de personas que sufren violencia sexual, generalmente son víctimas de otras personas que durante la infancia también lo fueron.

La sexualidad atípica o anormal, despliega en la actualidad una larga lista de parafilias que han logrado una buena aceptación en la sociedad.

La moderna civilización, ha adoptado características sexuales que abarcan desde la práctica sexual entre miembros del mismo sexo, hasta el coito con animales, pasando por el sadismo, masoquismo, fetichismo, etc.…

No hace mucho, hablar del tema sexual era atentar contra la moral pública de la sociedad, por lo tanto, el sexo durante muchos años fue considerado un tabú. Un tabú que discurría amenazante por las sociedades del pasado y obligaba a muchos a reprimir sus deseos en la privacidad de su propia psiquis; que en muchos casos llevaron a incontables personas a crear peligrosamente fenómenos sicológicos como los íncubos o súcubos. Y tantos otros fenómenos psíquicos de los cuales narrara el historiador latino Waldemar Espinosa.

Cuantos personajes pueblerinos, terminaron sus miserables vidas tras los fatales muros de la inquisición y por asuntos tan nimios como hablar de sexo.

Cuantas matronas de gran reputación, adineradas; que tras el disimulo social del vulgo se convertían en nocturnas prostitutas.

Cuantos hombres de prestigio social, refugiaban en la furia de su carácter, el insatisfecho apetito sexual. Cuántos niños y niñas aun en la pubertad, fueron víctimas de la represión sexual de sus mayores.

Incontables historias sexuales tal vez demasiadas secretas, se encuentran perdidas entre los empolvados recuerdos del pasado. Tanta represión sexual, quizás fuera la causa por la que el Márquez de Jade encontró gran inspiración para su cuestionada obra.

Hablar de sexo, no es hablar de amor, no obstante el verdadero amor, solo se puede encontrar atravez del sexo. El sexo, tan solo es una condición instintiva presente en todos los seres vivos, que permite perpetuar la especie. Sin embargo, cada vez que el hombre tiene una relación sexual no es precisamente para perpetuar la especie. La sexualidad en el ser humano, ya integra factores sicológicos dentro de un marco sexual humano.

Es posible que no lo veas, a lo mejor los mejores sexólogos modernos tampoco, pero sin duda alguna, tanto libertinaje sexual que se ve hoy por hoy, es el resultado de tal represión que ya venía atada de existencias anteriores.

Hoy en día, el ser humano tiene toda libertad sexual de hacer con su vida lo que quiera. Pero esta libertad moderna, libre de topes o límites permisibles, permite que nuevos integrantes de la sociedad, (niños) vean la decadencia sexual de la moderna civilización, como algo normal.

Los sexólogos modernos se equivocan, al sugerir tanto a parejas como a personas individualmente el uso del fetichismo como garantía de placer. Puesto que, el ser humano es de fácil dependencia que luego ve obstaculizado su crecimiento espiritual.

El intercambio sexual, las orgias y la masturbación con pérdida de semen, han sido las causas menores por las que Sodoma y Gomorra fueron borradas del mapa. El castigo no se puede repetir, por la promesa divina, pero el ser humano poco a poco se arrincona hacia su propia destrucción.

La desnudez tanto del hombre como de la mujer debería ser algo muy natural, pero para la mente perniciosa de la religión, más que un pecado es un delito.

Muchas personas, ven la desnudes del cuerpo humano desde la oscuridad de sus reprensiones, sus mentes están inundadas por el enfermizo morbo que muy hábilmente ocultan de la muchedumbre y sin embargo critican, insultan y atacan, lo que a ellos también les gusta.

Fue precisamente la ignorancia de la iglesia, quien condicionó la mente del ser humano ha considerar la desnudez como un pecado mortal, originando una represión sexual que al paso de los años ha generado enfermos y asesinos sexuales.

Pero, llegara el momento que el ser humano comparta libremente su desnudez, sin suscitar el enfermizo morbo que caracteriza al hombre ordinario, solo así se acabara para siempre su enfermiza conducta pornográfica e infra sexual. Pero aún falta mucho recorrido para llegar allí.

La educación sexual, carece de medios eficaces que instruyan tanto a padres e hijos en el correcto manejo de su sexualidad. Y es que no es fácil atacar a un enorme monstruo que lleva miles de años alimentándose de nuestra psiquis, pero si podemos evitar que se siga nutriendo, y para eso necesitaremos contar con una correcta educación sexual. Por ejemplo:

Es importante, que cuando se hable con los hijos acerca del sexo, lo hagan siempre con la verdad, sin cigüeñas, ni cuentos por el estilo. Los padres deben hacer lo posible por documentarse al respeto; así no serán sorprendidos cuando los hijos empiecen hacer preguntas.

Permitir que el niño o la niña se explore sin cohibición alguna, concede que comprendan mejor su temprana sexualidad, puesto que les permite también transmitir inquietudes a sus padres los cuales deben ser muy receptores y libres de cualquier tabú. Hablarles de las complicadas consecuencias de un mal uso de su sexualidad que los podría llevar a enfermedades o fijaciones sicológicas.

Explicarles el significado de una vida matrimonial y lo importante de respetar la intimidad de las parejas. Enseñarles a diferenciar entre una puerta cerrada y una abierta. Así mismo ellos también exigirán se respete su intimidad y así ha de ser.

Ser flexible en los errores o equivocaciones que ellos cometan sin recurrir a la violencia para solucionarlos, de esa manera el niño vera a sus padres como ve a sus amigos. Y es mejor ser amigo de sus hijos y no el padre de sus hijos, porque como amigo te contara todos sus secretos, y sus problemas; sabe que puede hablar con sus padres sin terminar con alguna costilla rota. Porque de otra forma si se actúa como padre, le mostrara y le dirá solo lo que cree necesario para evitar un castigo incluso recurriendo a la mentira.

Si dios te da un hijo, dale gracias, pero teme por el depósito que hace en ti. Porque en adelante, tú serás para ese hijo, la imagen misma de la divinidad. Has que hasta los diez años te tema, hasta los veinte te respete y hasta la muerte te ame. Hasta los diez años, se su padre, hasta los veinte su maestro y hasta la muerte su amigo. (San Francisco De Asís.)

Durante las etapas previas a la adolescencia, la revolución hormonal en los menores, muchas veces sacan de quicio a sus padres que algunos terminan al borde de la locura. Es una etapa generalmente muy delicada porque es la que se encarga de definir la conducta predominante en el futuro de su hijo. Tal revolución hormonal generada por sus glándulas endocrinas, actúan sin compasión en la estructura psicosomática del niño, preparándolo para el gran paso hacia la adolescencia.

Los cambios anatómicos, a veces vienen acompañados por traumas sicológicos, principalmente para las niñas, que sin dejar de ser niñas ven como su cuerpo cambia; en esos períodos es cuando la niña necesita el apoyo de sus padres para comprender lo que le sucede, especialmente cuando llega la primera menstruación. Que aunque estamos en tiempos modernos aun pululan historias supersticiosas con relación a la regla que infravaloran a las niñas creándoles diversos complejos.

Igualmente los niños necesitan orientación a sus sensaciones sexuales, las cuales se presentan con más frecuencia en ellos, y encuentran satisfacción en la autoexploración que casi siempre termina en la masturbación.

Aunque no presenta ninguna gravedad que atente contra su salud, si es recomendable documentarlo u orientarlo sobre los riesgos de caer en una adicción al respeto, que generalmente influye en la aparición de complejos introvertidos como la timidez.

El desarrollo de la personalidad, adquiere mayor relevancia durante la adolescencia, puesto que el trabajo endocrino aun no ha finalizado, pero su invariable evolución arroja al adolescente hacia un mundo desconocido y lleno de peligrosas plagas que en la mayoría de los casos son contagiados por sus propias amistades.

Mientras el adolecente no supere la barrera de la pubertad o pre-adolescencia, su psiquis aun no estará preparada para comprender y diferenciar entre una actitud correcta y una actitud incorrecta.

Durante esta etapa, puede recibir información falsa acerca de la vida, de la sociedad, de la sexualidad, de la violencia, del amor, etc.…

Sera una víctima perfecta para la conducta insana que se esconde en la perversa y sombría psiquis de algunas personas.

Hoy en día, predomina la libertad sexual, marcando el camino de la moderna juventud, presentando un aumento del 14% de abortos clandestinos en menores de edad por encima de los registrados en la década pasada. Y como si fuera poco, el ambiente moderno presenta a menores de edad como protagonistas de situaciones de violencia entre los que destacan los delitos sexuales con resultados mortales.

Y es que no es un buen método educativo dejar la educación de los hijos solo a los docentes, los padres también deben participar en su formación.

Desarrollar actividades familiares, cediendo cierta responsabilidad a los hijos, incrementa y fortalece la confianza en sí mismos que más adelante se verá reflejada cuando empiecen a vivir su juventud.

El manejo de la sexualidad, tiene que pasar por un periodo de prueba, representado por el noviazgo. Sobrevivir a este periodo sin haber sufrido una descensión o un corazón roto, es igual que decir que no se ha vivido. Sin embargo esta etapa le permite reforzar su identidad sexual creándole situaciones de responsabilidad.

Lo que no encaja en el actual manual del sexo, es la anticipada actividad sexual de los menores que no están preparados para asumir las consecuencias de una conducta inmadura.

El adolecente necesita experimentar la vida, integrándose en un círculo social donde aprenderá a conocer y conocerse. La mujer a partir de los 18 años se encuentra sexual y sicológicamente preparada para iniciar con responsabilidad el manejo de su propia sexualidad, mientras el varón no lo estará hasta los 22 años.

Cuando se inicia una relación de pareja por debajo de estas edades, generalmente se adoptan factores sicológicos que con el tiempo afectan gravemente la relación de pareja. Muchos sueños, aspiraciones y deseos se verán truncados por motivos de una prematura relación.

Y será cada vez más dificultoso cuando de por medio exista descendencia.

La sexualidad en el hombre, tiene un enorme trasfondo sicológico, que cubre las necesidades básicas de cada persona, y puede ir mucho más allá de lo que hasta el momento se conoce como razonable.

Pero si el interés es crecer espiritualmente, hay que empezar por hacer una limpieza general, tanto a nuestro cuerpo como a nuestra psiquis. Así como se habla de la salud del cuerpo físico, también hay que hablar de la salud sicológica. Tener una buena salud mental exige, una correcta forma de hablar, de sentir, de comportarnos con los demás.

Cuando logramos sanear nuestra mente, limpiarla de falsas informaciones, adecuar el cuerpo con alimentación sana, dietas balanceadas y actividades físicas moderadas; se adquiere una actitud positiva hacia la vida, el estrés y la ansiedad desaparecen y por ende los problemas dejan de ser un obstáculo. Pero para lograrlo, lo primero que debemos hacer es indagarnos a sí mismos y ver cuál es nuestro actual estado sicológico.

Muchos se asombran al encontrar dentro de sí, sentimientos de venganza hacia alguien cercano, sentimientos de odio, rencor, celos, envidia, que si no son controlados terminan insultando, golpeando y lo peor asesinando.

Pero esto no es lo grave, lo que sí es grave, es que se puede convertir en un delincuente, y la causa del delito le acompañara convirtiéndolo en un títere al servicio de sus bajas pasiones con la posibilidad de volver a hacer daño.

El mismo temor a caer en bancarrota, a las deudas y a las facturas impagables suelen ser causas para que surjan sentimientos negativos que llevaran a la persona hacia un estrés crónico, rodeándose de complejos y adoptando una conducta insegura de sí mismo, que en varias ocasiones producen graves enfermedades.

La falta de una correcta apreciación de la sexualidad, genera represiones y sentimientos de culpabilidad, además complejos que incapacitan el desarrollo de una buena relación, ocasionando temporalmente la perdida de la virilidad.

La impotencia del hombre o la frigidez de la mujer, más que una patología de la sexualidad, son originadas en un mayor porcentaje por desequilibrios orgánicos. Tales desequilibrios, en muchas ocasiones vienen originados por traumas psíquicos que se desarrollan a causa del estrés, la ansiedad o depresión; que a su vez, son la respuesta a conflictos emocionales de pareja, conflictos laborales, problemas económicos, entre otros.

El factor psicológico es siempre importante, y muy necesario tenerlo en cuenta a la hora de valorar cualquier cambio en la respuesta sexual. Puesto que, debido a una oportuna atención sobre cualquier síntoma de impotencia, evitamos enfermedades futuras.

Hace falta una rígida disposición a querer cambiar y una adecuada documentación que permita identificar aquellos factores causantes de nuestras tragedias, que son originadas por costumbres equivocadas y hábitos negativos.

Una personalidad contaminada, por todas aquellas actitudes o vicios que obligan a un mal comportamiento, es bastante vulnerable para que se le presenten situaciones de divorcio; separaciones, pérdida de empleo, enfermedades, asesinatos, drogadicción, alcoholismo, prostitución, y un largo etc.

Comprender que una actitud egoísta, negativa o violenta representa un gran obstáculo para lograr tranquilidad tanto para uno como para los seres queridos, es un importante paso que nos ubica en el correcto camino hacia un radical cambio de nuestra vida mejorando todos los aspectos de la existencia.

Durante muchos años, los sexólogos han sido asiduos defensores de la práctica convencional del acto sexual, lo cual no deja de ser algo normal.

Pero si se quiere lograr cambiar, de una personalidad intransigente, perjudicada y conflictiva a una personalidad tolerante, exitosa y triunfante. Entonces se debe considerar una nueva perspectiva tanto teórica como práctica del sentido sexual.

La sexualidad en tiempos históricos, muchos siglos antes de la época prerromana; era considerada un culto sagrado, reconocido como parte integral del desarrollo psíquico del ser humano.

Con el paso de los años, tanto instructores como practicantes fueron señalados como herejes y perseguidos por la religión. Convirtiendo el tema sexual en un tabú. A causa de ello, todo tema relacionado con el sexo se ocultó por muchos siglos entre analogías, jeroglíficos, fabulas y cuentos infantiles, etc....

Durante muchos años, fueron pocos los privilegiados que tuvieron acceso a la verdad conocida como la alquimia.

Ésta alquimia consiste en mecanismos práctico aplicados en el manejo correcto de las distintas energías segregadas por el sistema endocrino, para la evolución física y sicológica del hombre; en especial la energía sexual, que por su alto contenido de elementos proteínicos, regeneran tejidos y órganos maltrechos por enfermedades o por la edad.

Practicar el coito aplicando la magia o alquimia sexual, asegura a la pareja un evidente rejuvenecimiento físico, tanto interno como externo; reparando órganos y fortaleciendo el sistema inmunológico. Ya que contiene ingredientes antioxidantes, como el acido ascórbico, melatonina, y una gran cantidad de aminoácidos, que dependiendo de una buena alimentación resultan ser altamente benéficos.

Normalmente el hombre durante una eyaculación, tiende a eliminar entre 2 y 3 mililitros de líquido seminal y entre 30 a 150 millones de espermatozoides por mililitro. Eso quiere decir, que en cada eyaculación se eliminan entre 250 y 500 millones de espermatozoides. Lo que representa una gran pérdida de vitaminas y calorías, que se pueden aprovechar en la regeneración del organismo, y posibilitar la generación de una particular sicología superior.

Se trata de una manera práctica de aprovechar las energías que el mismo organismo genera, sin necesidad de dejar de disfrutar de una buena relación sexual.

En el caso de la mujer, el asunto es lo mismo; a diferencia del hombre la mujer no eyacula con la misma frecuencia, no pierde su energía. La mujer es multi-orgásmica por naturaleza.

Esta característica, le permite conservar su belleza, y de hecho la hace más inteligente. La mujer envejece por causa de la menstruación; un hecho natural que puede ser controlado por el sabio manejo de sus energías endocrinas hasta tal punto de lograr minimizar la pérdida del sangrado.

El cuerpo humano se compone de una compleja maquinaria, que aun, a día de hoy, mantiene fascinada a la comunidad científica; pero su complejidad aumenta cuando se aborda la parte psíquica. Todo un universo del cual poco se conoce.

La religión tanto en el pasado como ahora en el presente, siempre ha conspirado contra todo tema relacionado con la sexualidad alquímica o magia sexual; es decir la eterna confusión de la transformación del plomo en oro.

Los alquimistas del Medievo, adoptaron este término ajustándolo a las características sociales y políticas de la edad antigua, aunque durante el periodo greco-romano siempre permaneció oculta.

A partir del siglo II (D.C.), y gracias a la revolución religiosa desatada por el cristianismo, los gnósticos se atrevieron a revelar las enseñanzas de la magia sexual, pero siempre enmarcando la doctrina en el eterno y confuso trabajo alquímico.

Arnau de Vilanova, Raimundo Lulio, Alberto el Grande y muchos otros alquimistas del Medievo denominan en sus textos alquímicos mercurio al semen. Aunque el termino mercurio asociado al semen se remonta aun mucho más allá de la época de los faraones.

"La cal de luna mezclada con el mercurio macho y con el mercurio hembra, producen la multiplicación del mercurio." (Paracelso)

Durante miles de años, el deseo sexual anido en la mente del hombre, fue más un despertar y reconocimiento de su sexualidad activada por negligencia o por desobediencia que por el mito de una manzana.

La biblia nos narra una historia en un lenguaje gnóstico, que viene siendo lo mismo que un lenguaje simbólico.

Aunque no toda la biblia se escribió en este lenguaje; solo en aquellos pasajes donde la sabiduría era necesario protegerla de la escéptica mirada de los farsantes religiosos.

Por lo tanto, el relato de la manzana de Adán y Eva, hay que verlo desde una perspectiva libre de los convencionalismos de una presumida religión.

El trabajo alquímico, la magia sexual o el supra-sexo, como lo llaman los gnósticos; consiste en más que un simple o complejo coito, en una delicada práctica, que requiere una previa preparación tanto física como sicológica.

Muchos seguidores esoteristas de la alquimia sexual, han confundido esta enseñanza agregándole sofismas y artilugios innecesarios acomodándolos a la nueva era, que lo único que han logrado es presentar el trabajo de la alquimia como una práctica compleja; convirtiendo a sus seguidores en ascetas y ermitaños modernos, haciéndole creer al mundo que para acceder a la sabiduría se necesita ser un atleta de la meditación y del yoga.

La humanidad esta rodeada de mentiras; el hombre que quiera caminar por el sendero de la alquimia; tendrá que luchar y derrotar todas aquellas falsas doctrinas que se nutren de aquellos buscadores principiantes, que sin saberlo, se encapsulan en prácticas tántricas dudosas que tienen como base el infra-sexo, es decir la sexualidad atípica con el peligro de generar ignorantemente perversiones sexuales.

La alquimia sexual, no solo se trata de tener una relación sexual. Son muchos los factores que se implican para alcanzar un perfecto yoga sexual.

Tener una relación sexual, hacer el amor o practicar el coito, esta al alcance de cualquier persona. Pero lograr realizar un trabajo sexual alquímico requiere una previa preparación tanto física como mental.

Observar la desnudez del cuerpo humano, sin despertar el impúdico morbo que caracteriza al hombre ordinario; sería lo fundamental para empezar, pues ello viene hacer un gran obstáculo que no permitirá avanzar en el propósito de mejorar la vida.

La preparación del cuerpo físico, no es otra cosa que mantenerse sano. Respirar correctamente, alimentarse moderadamente evitando deformar el cuerpo y en lo posible seguir una rutina deportiva para mantener lubricada las articulaciones, que son las que más se recienten durante una relación sexual.

Tanto la practica como el trabajo en si de lo que se debe hacer, deberán ir encaminados con especial exclusividad hacia la transformación de la personalidad. Transformar lo grosero y ofensivo de nuestra personalidad en lo elegante y fino de la misma, de eso se trata el trabajo alquímico.

Además de todo lo anterior, es importante aprender a orar. Aprender hablar con nuestra propia divinidad. Padre y madre tenemos tanto en la tierra como en el cielo.

Por consiguiente, nuestra divinidad particular esta formada por esa mónada que es nuestro padre y madre celestiales. A ellos, es indispensable apelar para lograr la transformación del plomo en oro. Es decir, transformar al hombre animal en el hombre autentico verdadero mediante la eliminación de la falsa personalidad y el sabio manejo de los mercurios. El verdadero hombre nace de lo natural, no de lo artificial.

En la alquimia es preciso reducir la materia prima a su primigenio estado natural. Entiéndase que la materia prima, es el semen de nuestras glándulas sexuales.

"Esta materia prima, primero es negra luego roja luego blanca y de distintos colores. Has de saber que el mercurio es el esperma cocido de todos los metales; esperma imperfecto cuando sale de la tierra, a causa de cierto calor sulfuroso. Según su grado de sulfuración, engendra los diversos metales en el seno de la tierra." (Raimundo Lulio.)

La pareja unidos en profundo amor, encienden la pasión por medio de las caricias, los besos y abrazos, cuando el fuego esta encendido se coloca el recipiente para que hierva la materia prima.

"Que vuestro fuego sea tranquilo y suave, que se mantenga así todos los días, siempre uniforme, sin debilitarse, si no eso causará un gran perjuicio". (Hermes trimegisto.)

Envueltos en ese éxtasis de dulzura, el hombre introducirá el miembro viril dentro del yoni o vagina de la mujer, avivando suave pero constante el fuego, para que el recipiente alcance la temperatura adecuada para la transformación del mercurio.

"En verdad, este asunto es el creado por Dios, que es firme en cautiverio dentro de ti mismo, inseparable de ti, donde quiera que sea, y cualquier criatura de Dios privado de ella va a morir". (Morienus)

"Con esta analogía, el filósofo Morienus, se refiere a los órganos sexuales tanto del hombre como de la mujer."

Nuestro vaso debe ser colocado entre otra vasija cerrada tan herméticamente como la primera, en forma tal, que el calor actúe sobre la materia prima de la Gran Obra, por arriba, por abajo, y por todos lados. Es necesario que el mercurio sea cocido en un triple recipiente de vidrio muy duro. (Aristóteles).

Se debe tener mucho cuidado cuando se llegue al orgasmo, puesto que ya no están presentes los querubines que en otrora controlaran la unión de las parejas para evitar caer en la fornicación.

Ya la época de Adán y Eva paso, ahora estamos a nuestra propia merced. Por lo tanto escuchad y sé pacientes en sabiduría.

"Es preciso cocer, cocer y recocer y no cansarse de ello." (Aristóteles)

Después del orgasmo viene el espasmo y luego la eyaculación. Y si perdemos el semen se habrá fornicado. Todo habrá sido en vano, el fracaso será la recompensa.

"El fuego se debilita y hasta se extingue cuando el alquimista fornica, eyacula, pierde su cimiente." (Aristóteles)

El secreto reside en aprender a disfrutar del orgasmo sin llegar al espasmo, porque cuando eso sucede es muy difícil de controlarlo, puesto que es algo que se escapa al principal controlador que es el cerebro.

El cerebro hace miles de años que perdió esta facultad, pero la puede volver a adquirir. Todo es cuestión de práctica.

"Al principio las prácticas de Magia-Sexual deben ser cortas, pero más tarde podéis ir alargándolas poco a poco, haciéndolas cada vez más intensas, para intensificar el fuego." (V.M. Samael A. Weor)

Es importante tener en cuenta que el trabajo alquímico, solo lo pueden realizar las parejas; (Hombre-Mujer), en un matrimonio legalmente constituido ante los ojos de dios. Allí no importa papeles ni documentos, allí, no hay que firmar nada, solo se necesita que haya amor.

Como el agua, al mezclarla con agua, se forma una sola agua, así será el amor de las parejas que practican el tantrismo blanco de la alquimia.

El hombre sin permitirse llegar al espasmo, se retirara de la mujer y en posición de hombre muerto empezara a respirar profundamente. Y allí es cuando empieza a jugar un papel muy importante la imaginación.

"La mente (así como los metales y los elementos) puede ser transmutada, de estado a estado; de grado a grado; de condición a condición; de polo a polo; de vibración a vibración. La verdadera transmutación hermética es un arte mental." (H. Trimegisto)

Sal, agua y azufre, *(A.Z.F)* es la materia prima para la gran obra de la divinidad; la creación del hombre autentico. Y este milagro solo es posible con la intervención de la divinidad.

Durante la crucifixión sexual, la atención de la pareja debe estar enfocada hacia el hornillo, allí donde se fragua el mercurio dentro del sagrado cáliz.

Y con la técnica del fuelle, se aviva el fuego de la pasión para que los vapores seminales asciendan por la vara de Moisés, hasta lograr el caduceo de mercurio.

En otras palabras; El miembro viril, que es el recipiente que contiene la materia prima de la Gran Obra, queda envuelto por las paredes de la Vagina, y sometido a un calor igual por todos lados.

La técnica del fuelle, se refiere al manejo de la respiración. Controlando la respiración, se puede caminar por las llamas de la pasión sin quemarse.

Gracias al fuego de la pasión, el semen se calienta liberando el ens-seminis o vapores seminales. Que ascenderán por los cordones ganglionares atravez de la vara de Moisés o columna vertebral. Los cordones ganglionares representados por las dos serpientes enroscadas en el caduceo de mercurio, son los mismos a los que hace referencia el libro del apocalipsis, en su capítulo 11. Y en cuanto la columna vertebral; a la "caña semejante a una vara de medir".

"Y daré a mis dos testigos, y ellos profetizarán por mil doscientos días y setenta días, vestidos de cilicio.

Estos testigos son los dos olivos y los dos candeleros que están en pie delante del dios de la tierra". (Apocalipsis 11,1-2-3-4)

Atravez de estos cordones, ascienden los vapores seminales hasta el cerebro y de allí partirán hacia el corazón; luego el corazón lo mandara por el torrente sanguíneo, primero depurando y reparando para luego crear.

"Naturaleza contiene naturaleza, naturaleza domina a naturaleza y se transforma en las demás naturalezas." (Aristóteles)

No dudo que para los escépticos el tema de la magia sexual, les causara una gran herida en su consabida inteligencia; pero este tema que se expone es una aproximación de una verdad latente que siempre ha rodeado a la humanidad. Y ahora que la humanidad ha salido del oscurantismo religioso, puede acceder a la doctrina secreta de los grandes sabios, y a uno de los grandes misterios de la humanidad.

Debe dársele la importancia a la sabiduría hermética, que desde mediados del siglo **XX** volvió a ver la luz, y estará expuesta por poco tiempo develando su desnudez, para luego volver a ocultarse, y esta vez por mucho tiempo.

El creer o no creer, son dos aspectos de una misma cosa; la ignorancia. Estos dos aspectos son los que se han encargado de llenar el mundo de fanatismo, y este es uno de los muchos obstáculos que el atrevido investigador encontrara en su camino.

Por lo tanto, el discernimiento será un potente recurso del cual se puede servir, cuestionándose así mismo sobre lo que es real y lo que es artificial.

A si mismo lograr distinguir entre lo correcto y lo incorrecto, entre la verdad y la mentira.

(La mayoría de la gente es más o menos esclava de la herencia, del entorno, etc., y manifiesta muy poca libertad).

(Ellos son arrastrados por las opiniones, costumbres y pensamientos del mundo externo, y también por sus emociones, sentimientos, humores, etc. No manifiestan ninguna maestría digna del nombre. Ellos repudian indignados este aserto, diciendo: "Bueno, ciertamente soy libre de actuar y hacer como me place; hago justo lo que quiero hacer" pero dejan de explicar de dónde surge el "quiero y el me place.") (El Kybalion)

Capítulo V

LA MUERTE

Solo comprendiendo lo que es la muerte de manera objetiva, lograremos entender el significado de la inmortalidad. Tan solo un simple paso separa la vida de la muerte, tan solo un paso, necesitamos para adentrarnos en el misterio del misterio. El primer misterio es también el último, el alpha y el omega, principio y fin de todas las cosas. Alegoría simbólica del anciano de los siglos, solo se llega a él con la muerte de la muerte.

El gran filosofo Eliphas levi, acerca de la muerte nos plantea la siguiente historia:

"Pasando una vez el Cristo por el campo de las tumbas, encontró a un joven que estaba de rodillas y lloraba ante una cruz.

Al verle Jesús, se compadeció de su dolor, y aproximándose le dijo: ¿Por qué lloras? Volvióse el joven, y señalando con su mano respondió: -Mi madre está allí desde hace tres días. -No, hijo mío, tu madre no está ahí. -respondió Jesús- Ahí sólo se ha depositado el último vestido que abandonó; ¿por qué lloras, pues, sobre un despojo inservible? Levántate y marcha; tu madre te espera.

-¡La muerte espera a la muerte, y la vida va en pos de la vida! No entristezcas con un dolor egoísta y estéril, el alma de aquella que te ha

precedido; no retardes su marcha hacia Dios con tu desesperación y tu inercia."

El ser humano siempre le teme a lo que desconoce, y la muerte como una continua incógnita representa un terror vivo entre la humanidad. Aunque, si el hombre se permitiera entender este supuesto misterio, su temor estaría por demás.

Ver el cadáver de nuestro ser querido metido dentro de un ataúd, no significa haber comprendido este misterio. Alrededor del drama de la muerte se han tejido innumerables historias, hasta se crean cuentos y leyendas urbanas que lo único que hacen es hacer más sombra sobre el enigma.

Las cosas que nos suceden y no comprendemos, generalmente las seleccionamos, las encasillamos y le colocamos una etiqueta de misterio.

Es una forma fácil de pasar página y seguir nuestra vida de autómatas, ignorando que tarde o temprano la tan temida muerte tocara a nuestra puerta y no es opcional rechazar su visita.

La muerte es un fantasma de la ignorancia, La muerte no existe, todo esta vivo en la naturaleza, y por esta razón, todo se mueve y cambia incesantemente de forma.

"La vejez es el comienzo de la regeneración, así actúa la vida renovándose constantemente, y este también es el misterio de lo que llamamos muerte. Y lo que se conoce como fuente de la eterna juventud, se trata del maravilloso trabajo de la vida en movimiento, es decir la muerte; donde se entra decrepito y se sale niño. La muerte no es el final de la vida como cree todo mundo, ni el comienzo de la inmortalidad. Tan solo se trata de la continuación y transformación de la vida."

"El cuerpo es una vestidura del alma, cuando esta vestidura esta deteriorada ya sea por la edad o enfermedad o se encuentre irreparable, pues entonces se

abandona y no se vuelve más a ella. Pero si por el contrario se encuentra en buen estado y por accidente se escapa de ella puede volver a tomarla ya sea con su propia voluntad o con ayuda de alguna fuerza superior. " (Alphonse Louis Constant)

Es el caso de las mal llamadas catalepsias, donde enfermos declarados muertos regresan a la vida, todo un acontecimiento metafísico sobre el cual existen cientos de testimonios y se han escrito muchos libros referentes a este fenómeno.

La verdad es lo desconocido de momento en momento y la muerte no es la excepción. Durante muchos siglos, la verdad ha estado oculta a los ojos del vulgo, y muy pocos son los que han logrado acceder a ella. Pero ahora la obstinación al igual que a otros me ciega y lo que estaba oculto ahora ve la luz.

La filosofía revolucionaria que surgió con la reaparición del conocimiento universal y la sabiduría oculta, esta haciendo lo posible para que ésta verdad se extienda por todo el mundo, para que sea percibida y conocida. Y entonces aquellos que quieran ver que vean y aquellos que quieren oír que oigan y aquellos que quieran caminar que caminen.

Se acercan tiempos difíciles para una humanidad que muy pronto llegara a su límite de crecimiento y madurez, entonces nos queda un solo camino, marchar y crecer con experiencia hacia la conquista de la vida consiente.

De otra manera, lo que queda es descender, regresar involutivamente a su primer estado primigenio. Esto sería como volver a empezar el largo camino que hasta ahora lleva la humanidad.

Sería algo más que imposible, por medio de unas cuantas letras describir la muerte a alguien que nunca la ha experimentado. Porque se trata de la verdad y la verdad no tiene cabida en la lógica de este mundo; la verdad nada tiene que ver con las opiniones, ni con las creencias, ni mucho menos con el escepticismo. Y no quiere decir que no este al alcance del hombre.

Las experiencias recogidas de la vida misma, me han enseñado a comprender que la gran mayoría de las personas no están interesadas en este tema, pero si les gustaría saber cómo librarse de ella.

Una muy ambicionada pretensión, que ha llevado a muchos adinerados ególatras a conservar congelados sus inertes cadáveres, esperando un milagro de la ciencia para regresar a la vida. Y la gente no entiende, que es solo un vestido inservible que ya no se puede usar.

Pero la intensión de este capítulo no es otra que lograr la comprensión del tema de la muerte en toda su extensión. Y ello nos remite a otro tipo de muerte, no menos importante que la muerte del cuerpo físico, pero si desconocida para la mayoría de las personas.

Se trata de la muy mencionada en la biblia, cuando Jesús se dirige a sus discípulos diciéndoles: (*Niégate a ti mismo*)

Se trata de un trabajo interior individual de tipo espiritual. El cual la psicología esotérica le denomina "La muerte Psicológica"

"de cierto, de cierto os digo, que si el grano de trigo no cae en la tierra y muere, queda solo; pero si muere lleva mucho fruto" (Jesús de Nazaret)

Es preciso que el hombre terrenal muera para que nazca el hombre espiritual.

Entiéndase como muerte sicológica a un determinado trabajo consiente, en aras de buscar un cambio, una transformación, de nuestra personalidad, buscando mejorar la existencia y comprendiendo aquellos eventos o sucesos que nos convierten en títeres de las circunstancias de la vida.

Se muere en un hábito, para nacer en una virtud, en otras palabras transformamos algo negativo de nuestra personalidad, por algo mejor, algo positivo, una virtud. Es a esta transformación o a este cambio lo que se conoce como muerte psicológica.

El mundo tiene belleza, alegría y mucha armonía, pero son muy pocos los que la logran ver o sentirla, porque la vida misma nos envuelve con sus dramas y conflictos, con sus desesperanzas y desilusiones, y entonces el encanto del mundo desaparece de nuestros sentidos y no lo vemos y no lo sentimos; porque dentro de nosotros están presentes todas nuestras contradicciones, nuestras debilidades y conflictos que nos hacen ver la vida y el mundo que nos rodea de una manera distinta, opaca, vacía, triste y sin futuro.

Si nos sentimos animados a cambiar a transformar nuestra vida, entonces se hace necesario entender y comprender muy seriamente lo que son los defectos sicológicos; que vendrían a ser lo que el catolicismo denomina pecados capitales.

Entonces queda claro, que hablar de defectos sicológicos, equivale a hablar de pecados; la diferencia tan solo esta en la definición. La doctrina del perdón de los pecados mediante los golpes de pecho, es el bálsamo reparador que utiliza el catolicismo para estar en paz con Dios.

Qué fácil es cometer delitos y qué fácil es redimirse de ellos, librarse del pecado mediante los golpes de pecho qué fácil es. Que fácil fue para el Papa Pio XII, bendecir los ejércitos de Hitler, para que tuviera éxito con su plan de terror.

Qué fácil es pecar, pero más fácil es redimirse mediante el perdón, y que difícil es perdonar, que difícil es amar al enemigo; qué difícil es.

¿Cómo se puede entender que un pecador libere a otro pecador de sus pecados? Muy fácil, porque los dos son cómplices de su ignorancia.

No es un delito que por ignorancia se cometan errores o se peque. Sin embargo, la ley dice: "El que ignorantemente peca, ignorantemente se condena."

La muerte psicológica es un trabajo que se hace conscientemente para elevarnos espiritualmente y enfrentarnos a la vida sin temor a la traición, sin temor a la decepción, sin temor a la pobreza; sin temor a vivir.

Ocasionalmente nos suceden situaciones de rabia, ira; Nos sentimos heridos, traicionados, perdemos el control, insultamos y nos insultan, odiamos y nos odian, golpeamos y nos golpean.

Por nuestra mente pasan infinidad de imágenes que nos presentan muchas formas de vengarnos del enemigo, hasta saboreamos su derrota. Ansiamos verlo sufrir y hasta disfrutamos de esa sensación.

Pero son cosas que suceden en nuestra mente, es solo imaginación, fantasía algo que constantemente hacemos cuando nos hieren el amor propio.

Así somos, nos hieren y sufrimos, nos halagan, y estamos contentos. Somos marionetas al servicio de las circunstancias de la vida y de los demás.

"Esforzaos a entrar por la puerta angosta porque os digo que muchos procuraran entrar y no podrán." (Jesús de Nazaret)

El trabajo de la muerte psicológica, consiste en eliminar todas aquellas influencias negativas que se nos manifiestan atravez de la personalidad y nos hacen cometer errores; el robo, la mentira, el engaño, la traición, el miedo, la cobardía; en fin, todo tipo de delito se sirven en la mesa de la falsa personalidad.

Pero ha llegado la hora de cambiar, por eso; El que quiera caminar que camine.

Para lograr este cambio necesariamente debemos recurrir a una didáctica en apariencia compleja, pero en la práctica, se vuelve sencilla y de fácil comprensión.

La didáctica consiste en una serie de factores que se deben realizar de una manera voluntaria y consiente, empezando por aceptar que somos víctimas de estos elementos subjetivos denominados pecados y que son ellos los que nos hacen cometer tantos errores.

Podríamos decir, que el ser humano, tiene dos personalidades, una verdadera y otra falsa; a la verdadera se le conoce como "esencia" y la otra "ego"

El ego es lo más artificial en nosotros, es la falsa personalidad que nace del fingimiento, de la imaginación, de la lucha por ser el mejor; por demostrarle al mundo lo buena gente que somos; mientras que en la intimidad de nuestro hogar somos mezquinos, egoístas, mentirosos, mal hablados etc....

La esencia vendría a ser todo lo contrario, pero debido a que no se le ha permitido desarrollarse, porque siempre le hemos dado preferencia a la falsa personalidad; entonces es débil, pero muy inteligente y nos podemos servir de ella para restarle fuerza al ego.

Por lo tanto con la esencia iniciamos la auto-observación, es decir observar la falsa personalidad, el ego.

Observar que piensa, que le gusta, que no le gusta, como habla, como se comporta en el trabajo, en la calle en la casa, con los amigos, con los hijos, etc...., entonces; esta observación nos permite conocer la falsa personalidad o en otras palabras conocernos a nosotros mismos.

Nuestra conciencia se divide en dos, una parte que observa y otra que actúa. A esta práctica se le denomina auto-observación, y con ella iniciamos una fascinante aventura por nuestro mundo interior.

Poco a poco, iremos descubriendo que muchos de nuestros actos que realizamos a diario los realizamos de una manera mecánica; conducimos coches, manejamos maquinas complejas, hacemos las mismas cosas y decimos la mismas palabras y todo ello, lo hacemos de forma mecánica; porque es algo que habitualmente repetimos a diario, y es tal la repetición que se termina obrando mecánicamente, sin conciencia.

Debemos reconocer nuestros propios errores sin evasivas de ninguna especie, sin disculpas, sin justificaciones.

"Presumir de virtuoso es absurdo. Reconocer nuestras equivocaciones es lo apropiad0" (V.M. Samael)

Cuando descubrimos todo esto atravez de la auto-observación y reconocemos nuestra fealdad interior, entonces queremos cambiar, queremos ser mejores. Es entonces cuando habremos entrado en el camino al encuentro con la verdad. El camino de la revolución de la conciencia.

Cuando una persona se observa así misma, aprende a diferenciar cuando actúa la esencia y cuando el ego. El ego constantemente busca alimentarse de nuestras debilidades, de nuestras emociones, siempre encuentra el lado débil y por ahí se alimentara.

La cuestión es no alimentar más esa falsa personalidad.

Los sentimientos de celos, rencor, odio, venganza; son falsos y alimentan el ego.

Cuando dejamos de alimentar el ego, empezaremos a evidenciar cambios en nuestra forma de pensar, en nuestra forma de hablar, incluso en la forma de actuar.

Al principio esto es una desventaja porque en esta situación nos sentimos limitados al no poder reaccionar como siempre lo habíamos hecho.

Es decir, ante un insulto o un ataque verbal, nuestra reacción siempre había sido violenta. Pero ahora algo nos lo impide, es una sensación consciente de impotencia; de debilidad sicológica.

Esta nueva actitud, obedece a la intervención de la esencia, que ha empezado a alimentarse y ahora puede actuar, y ante similares ataques y similares respuestas, será cada vez más fuerte.

Al crecer la esencia, se fortalece nuestra psicología particular. Poco a poco va naciendo un hombre nuevo, diferente, con una forma de pensar autentica y una voluntad firme.

Habrán personas que notaran un cambio en nosotros, verán a un nuevo individuo tanto física como psicológicamente mucho mejor.

Comprobaran efectivamente un indudable cambio, que por lo general nosotros no lo vemos y tampoco lo sentimos.

El tiempo será nuestro cómplice, que nos mostrara poco a poco aquella nueva personalidad.

Bien, ahora hablaremos de otro tipo de muerte, también mencionada por la biblia y hace mención a la muerte segunda o segunda muerte.

"Pero los cobardes e incrédulos, los abominables y homicidas, los fornicarios y hechiceros, los idólatras y todos los mentirosos tendrán su parte en el lago que arde con fuego y azufre, que es la muerte segunda" (Apocalipsis 21, 8)

El libro del apocalipsis de San Juan, tan enigmático como el de Ezequiel, nos presenta un digno argumento propio de una mente superior e incomprensible para una mente inferior aun aferrada al materialismo de los conceptos y opiniones.

Nos presenta claramente un tema que hace referencia a la muerte segunda, el cual es mencionado por las antiguas culturas ocultistas como el ingreso al averno o al lugar de la eterna amargura; mas conocido por el cristianismo o catolicismo como el infierno.

El misterio de la vida no se resuelve devorando textos de psicología, ciencia, religión o filosofía. Lo único que se logra es llenar la mente de teorías conceptos y preconceptos estériles, que desfiguraran la verdad, haciéndola irreconocible para aquellos aficionados que gusta resolver todo tipo de enigma.

Y entonces convencidos de haber resuelto el misterio, escriben libros, dan conferencias y hasta realizan documentales. Y la gente convencida de esa información; se tragan todas las mentiras.

No se trata de hacerle la guerra a ninguna consabida institución, ni a nadie en particular; pero los hechos son los hechos y muchas investigaciones a las que he podido tener acceso, no satisfacen plenamente los interrogantes que nos rodean desde hace mucho tiempo.

A la hora de enfrentarnos a la verdad, es mejor dejar a un lado las contemplaciones y ser rudo consigo mismo. En ocasiones se precisa desconfiar hasta de los propios pensamientos; si permitimos que la mente participe en nuestra investigación, lo mas seguro, es que estaríamos actuando a partir de los recuerdos, de los sentimientos a partir de los conceptos y preconceptos universitarios, teológicos o científicos y es obvio que volveríamos al principio; es decir a la duda.

Por ello se hace indispensable recurrir a medios más eficaces que nos aseguren la confianza y la veracidad de lo que se dice o en este caso, de lo que se escribe.

El destino de cada hombre esta claramente diseñado para desarrollarse a lo largo de la vida; existencia tras existencia. No se trata de una nueva teoría que alguien se haya inventado, o como dicen los escépticos, que es "Un concepto que nació en una antigua cultura," pues no, y muy equivocados están los que someten a una simple cronología las cosas que pertenecen a la divinidad.

Puesto que, entre las leyes que conducen el normal funcionamiento del cosmos, esta también la ley del eterno retorno, una ley que pertenece a la naturaleza. Y por lo tanto a la divinidad.

¿Y qué es el retorno? Significa volver, regresar. Pero el eterno retorno ya nos indica algo más complejo, y podríamos definirlo como un eterno volver. Regresar e iniciar nuevamente un camino que supuestamente ya hemos recorrido.

Es necesario entender y comprender que la vida es una sola. Solo tenemos una sola vida. Y sobre esa vida se desenvuelve nuestra existencia. Es decir, se cree que el periodo que transcurre desde el nacimiento hasta la muerte corresponde a la vida y no es así; ese periodo corresponde a una existencia. Terminada esa existencia, deviene la temida muerte. Llega el final para nuestro cuerpo físico. Luego, a veces inmediatamente, iniciamos una nueva existencia, pero siempre sobre nuestra propia vida.

El popular cuento de la reencarnación que pulula entre el vulgo; afirma ignorantemente, que después de la muerte, se reencarna en un animal o una planta; pues esto no deja de ser eso; un cuento.

Además, existe una confusión con la reencarnación. Y esta confusión abarca sectores muy serios de la sociedad en especial, las educativas.

Aquellos que creen en la reencarnación, están convencidos que después de la muerte pueden reencarnar. Y no es así. Así de sencillo no es. Es algo mucho más complejo; Solo se puede reencarnar de una manera consciente; como lo hizo Jesucristo, los que no sean como él, solo pueden retornar involuntariamente, es algo que sucede por ley y no es algo opcional para un simple mortal.

Iniciamos pues, un nuevo recorrido, una nueva existencia con un nuevo cuerpo, en una nueva familia y en un nuevo hogar. Con el tiempo desarrollaremos una nueva personalidad. Y nuestra pasada existencia, habrá quedado sepultada en el pasado.

Pero eso no es todo, la experiencia vivida, sus logros, sus fracasos, defectos y virtudes, sus conquistas sentimentales, sus aspiraciones, en fin todo lo que aconteció en su existencia pasada; quedaran registrados en el gran archivo akashico de la naturaleza o en otras palabras; en el mal llamado libro del destino.

Me imagino que para algunas personas esto será como un cuento chino, y si fuera así, entonces la biblia nos hablaría de un gran cuento chino.

Es normal que esta información despierte cierta perplejidad ante el estimado lector, y pueda ser también que me vituperen por ello. Pero la verdad es la verdad y como dice mi maestro; ante ella nos debemos rendir y no importa lo que digan y piensen los demás, no hay delito alguno al hablar de ella.

Muy bien, para redondear lo complejo y llevarlo a lo escrupulosamente extraño, seguimos con la verdad.

Al volver o al iniciar un nuevo recorrido, una nueva existencia; iniciamos creando una nueva personalidad, ya que la anterior personalidad desapareció con la muerte del cuerpo físico. Esto significa, que toda personalidad es hija del tiempo y muere en el tiempo, irá desapareciendo poco a poco y lentamente, mientras su tétrico cadáver desaparece devorado por el tiempo.

Así mismo, la nueva existencia necesitara un nuevo cuerpo y este a su vez una nueva personalidad, que se creara y desarrollara recogiendo todo aquello que encuentra a su alrededor; el ambiente familiar, el colegio, los amigos, y las experiencias recogidas durante la etapa de la infancia y juventud, le dará las características y rasgos psicológicos que le proporcionarán una determinada identidad.

Ya el niño aun en su infancia, tendrá vagos recuerdos de su pasada existencia y se verá rodeado constantemente de todo aquello que perteneció a su anterior personalidad; me refiero a sus defectos o pecados, que ahora sin tener un medio donde expresarse, es decir, sin personalidad; se presentaran sin alguna forma definida tomando cada vez representaciones de sus propios recuerdos, hasta que la personalidad del niño adquiere más firmeza. Entonces el adorable niño, adquiere los valores tanto positivos como negativos de su anterior personalidad, más las consecuencias karmicas o darmicas obtenidas del comportamiento de su anterior existencia.

Luego viene la recurrencia, otra ley natural que permite al ser humano repetir todo aquello que hizo en su pasada existencia con el objetivo de corregir errores, saldar deudas morales y espirituales y fortalecer la experiencia de cada existencia permitiendo que la esencia crezca y se desarrolle. Y lograr el principal objetivo por el cual sucede todo esto. Encontrar el camino que lo lleve al encuentro con su propia divinidad.

Por tal motivo, el gran creador nos dotó de un intermediario inmortal que llamamos esencia o la mal llamada alma. Éste intermediario se encuentra presente en cada ser humano y es la representación divina que nos hace hijos de él.

El camino puede ser largo o muy largo para aquellos que aun fascinados por el mundo, postergan la búsqueda del motivo de su vida.

Todo tiene un límite, de la misma manera que todo lo que nace muere, así mismo el recorrido por el tapete de la vida también tiene un final. Después de muchas existencias tal vez miles, la naturaleza reclama lo que es suyo.

La enseñanza divina o el conocimiento universal, nos enseña que para lograr encontrarnos con nuestra propia divinidad, es necesario liberarnos del materialismo al que nos tiene sujeto la naturaleza con sus leyes; que nos obligan involuntariamente a movernos sobre un círculo retornando una y otra vez y repitiendo y repitiendo y repitiendo cada existencia una tras otra.

En verdad os digo, que en ocasiones pienso que conocer la verdad es abrir una puerta que tal vez hubiese sido mejor dejar cerrada.

Si no estamos aun preparados para conocer la verdad, tal vez es mejor no abrirla, y seguir viviendo en la ignorancia sin preocuparte de todo aquello que sucede en el mundo o a nuestro alrededor.

Pero aun no sé que es peor o mejor, puesto que en cada existencia siempre habrá cosas buenas y cosas malas, pobreza, riqueza, enfermedades, tristeza, dolor, decepciones, traiciones y violencia mucha violencia. Y así será siempre existencia tras existencia, sufriendo llorando y a veces riendo.

Por otro lado cuando descubres la verdad, te das cuenta del estado real en que se encuentra el mundo, y a medida que avanzas en esa verdad se empiezan a ver mejor las cosas.

La vida y todo lo que la rodea presenta otro color se siente y se vive la vida. No te importa el daño que te hacen los demás, se comprende aquello que se dice; amar a tu propio enemigo, el sufrimiento desaparece, el temor a morir desaparece y poco a poco se desarrollaran facultades que permitirán al nuevo individuo llevar una vida mucho mejor.

Pero también se descubre que tarde o temprano llegara la muerte y se volverá repetir todo aquello que ya has vivido. Entonces llega el aburrimiento, el fastidio, volver hacer todo aquello que ya has hecho. Empezar nuevamente de cero. El aburrimiento es tal que se ansia tal vez con impaciencia que llegue rápidamente la muerte.

Por eso la divinidad nos ha dado algo más; "El sacrificio Por la Humanidad" ya que tenemos conocimiento de la verdad y que conocemos el camino hacia ella es de gran satisfacción enseñárselo a otras personas, entonces la existencia cobra un sentido enorme, puesto que la deidad deposita en nuestras manos una responsabilidad y un poder para lograr ascender en la maravillosa escalera de la divinidad.

Pero no todo es de color gris, el mismo trabajo por la conquista de la individualidad, permite contar con la ventaja que todo aquello que logras hacer por la esencia no se perderá al finalizar cada existencia. Si no que eso se hará cada vez más fuerte existencia tras existencia y nos ayudara para avanzar en la conquista de la gran meta.

Continuar viviendo cada existencia con la conciencia dormida, es lo que hace la gran mayoría de la humanidad, pertenezca al país que pertenezca. Y al finalizar el recorrido de la vida o al finalizar la totalidad de las existencias, entonces viene lo que se conoce como la muerte segunda.

Que no es otra cosa que la entrada al averno, como lo llama el Dante Alighieri en su divina comedia al infierno, "El lugar del eterno llanto y crujir de dientes."

Si el ser humano a lo largo de su vida, con todas sus existencias agotadas, no se ha logrado liberar de las leyes de la naturaleza, entonces al no haber más existencias, pues ya no habrá más cuerpos. Tan solo quedan dos caminos, el de la divinidad y el de la muerte segunda.

Si una persona cuando ya ha agotado todas las oportunidades, y se encuentra trabajando, luchando por su divinidad. Lo más seguro es que se le asigne una o varias existencias más para que logre sus objetivos. Así es la misericordia del gran padre. Pero aquel que ya agotó todo, y nunca le intereso la divinidad, pues su ingreso será inmediato al gran recinto del dolor.

Y su ingreso será necesario, para limpiar la esencia, liberarla de todo aquello negativo que adquirió durante toda su vida, y su duración y sufrimiento dependerá de sus obras buenas o malas, entendiendo que a más obras buenas, menos sufrimiento y posiblemente menos tiempo; en contraste, a más obras malas, pues más sufrimiento, más dolor y más tiempo.

En el averno el tiempo no existe, por ello se habla de eternidad que traducido a años cronológicos terrestres se consideraría cientos de años o posiblemente miles. Como se dijo anteriormente, todo depende de las obras de cada persona.

Ya limpia la esencia, es decir, liberada de su condena infernal; regresa nuevamente al seno de la divinidad y pasara allí unas: podríamos llamarlas "vacaciones" para luego iniciar su regreso a la vida terrestre; sometida nuevamente a las leyes de la naturaleza. Comenzando nuevamente un recorrido que se inicia desde el reino mineral, luego vegetal, más tarde animal, hasta lograr nuevamente su condición de ser humano. Y habiendo logrado su condición humana se le asignaran nuevamente todas las condiciones necesarias para lograr su divinidad.

Al regresar con su condición humana, luego de haber padecido la tortura del infierno, es obvio que se llega con más experiencia, con más conocimiento; ya depende de esa nueva alma quedar atrapada por la fascinación material de esa nueva vida que ahora le rodea.

Todo lo que se ha expuesto hasta el momento, pertenece a una realidad que se cumple día a día, momento a momento.

No se trata de asustar a nadie, pero las oleadas de almas soterradas que ya han cumplido su condena en el averno se están preparando para ocupar el lugar que ahora ocupa esta humanidad. Por lo tanto, esta nueva era que comenzó hace 50 años no es para los sobrevivientes del siglo pasado.

Esta humanidad, tuvo un comienzo, como lo tuvo una vez la Atlántida, como lo tuvo una vez los Lémures. Y también tuvieron su final y el final de esta raza Aria ya está a las puertas.

No es intención de desanimar, ni deprimir, puesto que el fin de todo nadie lo sabe, la respuesta la tiene el mismo hombre; solo el mismo hombre puede acelerar o alargar ese trágico final. Dios nos hizo una promesa y Dios cumple siempre sus promesas.

En el libro del génesis, capítulo 9 del versículo 9 al 16 podemos comprobar un pacto, una promesa. Por tal motivo, Dios ha dejado al mismo hombre elegir el día, la fecha de su propia destrucción. Los desastres naturales no son consecuencia divina, si no el resultado de la ignorancia de la supuesta inteligencia del supuesto hombre.

Capítulo VI

¿Porqué las guerras?

El mundo habla de una primera guerra mundial, y luego más tarde habla de una segunda. Sin embargo, el hombre a lo largo de la historia ha vivido muchas más guerras.

La primera guerra registrada en la historia, fue la guerra de Megido. Ocurrió en el siglo XV *(A.C.)* pero incluso antes de esta ofensiva militar, escritos antiguos nos narra enfrentamientos en el siglo XXII *(A.C)* Y si nos vamos más atrás ya entraríamos en la prehistoria y seguramente encontraríamos más guerras.

Pero, ¿qué es lo que genera las guerras? ¿Por qué brotan? Ciertamente las guerras existen en todo momento, en el hogar, en el trabajo, en la oficina, en la calle, etc. son generadas a veces por causas absurdas, un mal entendido, ideas contradictorias, polémicos desacuerdos.

Y la causa no esta precisamente en el asunto, si no en la actitud sicológica con que se trata.

El termino guerra, asociada a la violencia, serian sinónimos e indican que algo no marcha bien,

En cuestiones de política, una guerra sería una buena excusa cuando se pretende arruinar un país, o cuando se quiere conseguir a la fuerza cierta influencia de dominio.

Pero sean los propósitos o las causas que sean, esta muy claro que los sentimientos bélicos, son factores generacionales sicológicamente humanos. Las mismas causas que nos hacen crispar los nervios allí en nuestro hogar, son las mismas que hacen que surja una guerra de grandes dimensiones.

Todo, forma parte de una visión subjetiva con la que a veces entendemos la vida.

La falsa personalidad, tiene un ingrediente muy activo y bastante susceptible, encargado de complicarnos la vida solucionando los problemas con violencia.

La ira, es el comandante de todo un regimiento de ofensivas personalidades que conviven diariamente interrelacionándose con nuestros pensamientos, sentimientos y emociones.

Si en algún momento, nuestra falsa personalidad se siente atacada, herida, ofendida, entonces por lo general reaccionara con la misma predisposición con la que se siente atacada.

Solucionar un problema a partir de la ira, lo único que logra es generar más violencia.

Eliminando dentro de nosotros aquellos factores que generan la violencia, entonces automáticamente inhabilitaríamos todo proceso violento.

Es necesario eliminar la ira de nuestra personalidad, y no solo la ira, si no todos aquellos elementos indeseables que habitan en nuestra psiquis. Son a causa de ellos que el mundo se encuentra en un continuo conflicto.

Comprender que nuestra sicología particular esta formada por una doble personalidad, pone en tela de juicio el discurso académico, que no reconoce la maldad humana como algo ajeno a su verdadera personalidad.

El error académico de la sociedad, radica en la ausencia de una doctrina espiritual que guie correctamente en la adquisición de valores y virtudes en la temprana adolescencia del individuo.

Las universidades, los colegios, todas las instituciones educativas, educan y preparan a los estudiantes para formar parte de la sociedad como productores o consumidores de la misma.

Pero, no los prepara para hacer frente a la conquista de su propia individualidad espiritual para ser personas conscientes de sí mismos.

Sin duda alguna, nos encontramos frente a un gran muro, un muro de contradicciones y apreciaciones incoherentes. Y, si no nos atrevemos a traspasar ese muro, entonces nos estamos permitiendo seguir en la ignorancia.

La naturaleza no nos permite ver más allá de lo que podemos comprender, nuestro entendimiento, nuestra comprensión de la vida, esta limitada por los topes psíquicos.

Los topes de nuestra conciencia, no nos permiten ver al otro lado del muro. Esos topes están allí para protegernos de nosotros mismos.

Ellos van cediendo a medida que nuestro entendimiento y comprensión de la vida crece y avanza. Solo se avanza mediante la experiencia directa. El trabajo interior sobre sí mismo, alimenta y hace crecer a la esencia.

No se trata de rompernos la cabeza contra ese muro, se trata de ver analizar y observar detenidamente. Así, de esta manera podemos atravesar cualquier muro de incertidumbre que nos encontremos.

Se ha evidenciado concretamente que ante cualquier problema, muchas veces nos sentimos rendidos, y si el problema es bastante crítico, aparte de rendidos perdidos, incluso creemos que la solución se aleja de nuestro alcance.

Pero, si permitimos que la esencia, nuestra consciencia objetiva intervenga en este asunto, sorprendentemente veremos como se solucionan los problemas y conque facilidad. Porque todo esta en la mente, y dominando la mente, la vida se hace mucho más fácil.

Pues bien, debemos empezar por dejar de ser cómplices de las guerras, un buen escenario para comprobar que somos portadores de la semilla de la guerra o violencia, lo tenemos en nuestro propio hogar. Allí en el entorno familiar, generalmente aparecen disputas familiares por cosas nimias que despiertan sentimientos negativos como pereza, ira, celos, envidia, etc.

Y nosotros como simples espectadores observamos y nos auto-observamos detenidamente, analizando nuestra actuación; como hablamos, como pensamos, como reaccionamos. La práctica constante nos llevara al auto-descubrimiento y luego al despertar.

Capítulo VII

LA ÚLTIMA PROFECÍA

Muchos, aun nos sorprendemos haber pasado las puertas de un nuevo milenio. Cuantas profecías, cuantas predicciones habían ya condenado a la actual civilización a desaparecer, antes de la llegada del año 2000.

Todos los vaticinios fallaron y ahora esperamos que unas cuantas más profecías que pululan por el ambiente esotérico, sigan su mismo camino.

Es necesario ser objetivos a la hora de enfrentarnos a vanas teorías, que ciegamente profetizan un trágico final para la humanidad, repitiendo las tragedias tal como las vivieron las antiguas civilizaciones.

Durante el último lustro, las profecías Mayas, han cobrado gran interés entre las comunidades esotéricas por su precisión al pronosticar los diferentes cambios, en especial climáticos, los cuales caracterizan por estos días el ambiente atmosférico de nuestro planeta.

Para los que han tenido la oportunidad de acceder a la lectura de las 7 profecías mayas, conocerán la primera de ellas, la cual nos menciona el año de 1999. Año, en que se inicia la cuenta atrás de la actual civilización.

El desconocimiento de la actividad sicosomática del ser humano, nos lleva por ende a desconocer íntegramente la actividad astronómica del universo.

Para conocer lo que hay arriba, primero se debe conocer lo que hay abajo.

Este axioma hermético, es tajante a la hora relacionar la búsqueda de respuestas fuera del planeta, sin antes comprender la entidad sicosomática humana.

Debido a esta característica, firme como una ley, la adquisición de respuestas en la mayoría de los casos, no son exactas o posiblemente mal interpretadas.

La mal interpretación de distintas predicciones, han llevado al ridículo a personas e instituciones, y muy probablemente también a aquellas que con gran fuerza insisten en el rumor de la finalización de la raza humana para diciembre del 2012.

El fenómeno astronómico que se presentara para esta fecha, no traerá consigo ninguna catástrofe como se rumora.

Pero si traerá algo; algo que ya nos había dejado hace 50 años atrás el mismo fenómeno. Las vibraciones generadas por tal fenómeno, repercutirá considerablemente en la sicología de las personas.

Hace 50 años, la humanidad salió de la oscuridad sicológica de donde estuvo implantada durante muchos siglos. Y gracias a la presión vibratoria de dos planetas, la humanidad entro en una era de transformaciones y cambios.

Estos planetas, Urano y Saturno, cada uno con una alta densidad muy superior a la de la tierra, cumplen en la actualidad una función similar, como la cumple nuestro querido satélite lunar.

La tierra, al igual que los satélites y planetas, envía también sus vibraciones, las cuales muchas son generadas por la psiquis de la humanidad.

La luna en sus diferentes fases, altera física y sicológicamente al planeta y ello forma parte de la organización armoniosa del cosmos.

De la misma manera, Urano, siendo un majestuoso coloso del espacio, envía sus vibraciones a la tierra, las cuales llegan a un determinado receptor instalado en toda la naturaleza, incluyendo al hombre; por supuesto, y este receptor es precisamente las glándulas sexuales.

Aunque sus vibraciones influyen en todo el planeta, son más intensas en las glándulas sexuales de los seres vivos. Por esa misma razón, hace 50 años durante la década de los 60, se incremento de forma alarmante la actividad sexual del ser humano, generando grandes escándalos y protagonizando desde entonces una evidente liberación sexual.

En cuanto al planeta Júpiter, se le atribuye una poderosa influencia revolucionaria que influye directamente sobre la psiquis del ser humano, despertando fuerza, poder y destrucción. Sera una influencia tanto positiva como negativa, dependiendo del estado sicológico del receptor. La psiquis humana.

La conjugación planetaria o "alineamiento" no producirá el temido apocalipsis, como especulan los sabiondos. Pero, si dejara algo, algo de mucho cuidado.

Debido a la imperfección psíquica de la personalidad del ser humano, estas vibraciones incrementaran tanto sus ansias sexuales como su poder de destrucción.

No es de extrañar, que a partir de este fenómeno, la sensibilidad moral y la misericordia humana, queden relegadas a un segundo plano.

Los desastres naturales que a menudo asombran al mundo, no son generados por la divinidad como tanto se especula.

La gente más sabia del planeta, sabe y conoce, que el futuro de la actual civilización y del planeta, se encuentra en manos de la misma humanidad. Y es decisión humana y no divina, quien ahora es responsable del bienestar de esta civilización.

Por lo tanto, el hombre no puede ignorar su responsabilidad ante los desastres que genera su ambiciosa carrera de tecnicismo y supremacía. La tierra, nuestro planeta, como cualquier ser vivo sufre y reacciona ante las consecuencias de un maltrato.

César Garcés R.
(C. G. Vhannia)